中等职业教育会计专业系列教材

配套教学用书

Shuifei Jisuan Yu Jiaona
Daoxue Yu Xiti

税费计算与缴纳

导学与习题

（第二版）

王兆立　徐惠芳　主编

东北财经大学出版社
Dongbei University of Finance & Economics Press

大连

图书在版编目（CIP）数据

税费计算与缴纳：导学与习题 / 王兆立，徐惠芳主编. —2版. —大连：东北财经大学出版社，2018.3（2018.8重印）

（中等职业教育会计专业系列教材）

ISBN 978-7-5654-3013-8

Ⅰ．税… Ⅱ．①王…②徐… Ⅲ．①税费-计算-中等专业学校-教学参考资料②纳税-税收管理-中国-中等专业学校-教学参考资料 Ⅳ．①F810.423②F812.423

中国版本图书馆CIP数据核字（2017）第305928号

东北财经大学出版社出版

（大连市黑石礁尖山街217号 邮政编码 116025）

网　　址：http：//www.dufep.cn

读者信箱：dufep@dufe.edu.cn

大连永盛印业有限公司印刷　东北财经大学出版社发行

幅面尺寸：185mm×260mm　字数：270千字　印张：12.25

2018年3月第2版　　　　　　2018年8月第4次印刷

责任编辑：周　欢　刘慧美　　　责任校对：贺　欣

封面设计：冀贵收　　　　　　　版式设计：钟福建

定价：26.00元

教学支持　售后服务　　联系电话：（0411）84710309

版权所有　侵权必究　　举报电话：（0411）84710523

如有印装质量问题，请联系营销部：（0411）84710711

第二版前言

习近平总书记在十九大报告中指出:"建设教育强国是中华民族伟大复兴的基础工程,必须把教育事业放在优先位置,加快教育现代化,办好人民满意的教育"。要实现这一目标,就要深化教育教学改革,建设、配置优质的教学资源,加强中等职业教育教材建设,保证教学资源基本质量。为此,作者依据教育部最新颁布的《中等职业学校专业教学标准(试行)财经商贸类(第二辑)》中的"会计专业教学标准",组织优秀教师队伍编写了本教材。

本教材是中等职业教育会计专业系列教材《税费计算与缴纳》(第二版)的配套教学用书,自第一版出版以来,得到了全国广大职业院校师生的好评,为紧跟我国税制改革的步伐,更好地方便教学,编者进行了修订。

本次修订体现了国家颁布的最新的"营改增"等财税政策,取消了营业税项目的练习,同时扩写和修订了增值税等项目的有关练习。

修订后,本教材具有以下突出特点:

1.更好地体现了以课后习题为主、学习指导为辅的原则。本教材的内容框架包括"知识框架""重点难点""学习指导""同步练习""项目综合练习"等板块。"同步练习"根据教学的具体需要,随机设置了单项选择题、多项选择题、判断题、计算题、案例分析题和实训题等题型,能有效满足不同层次学生的学习及训练需要。

2.为更有效地加强学生的实际操作能力,使其系统掌握增值税网上申报的流程,在项目二的同步练习和项目综合练习的最后增加了增值税网上申报的教学视频演示,供学生观看学习。

3.教材最后还附有两套"综合自测题",既有助于教师授课时讲练结合,也有助于学生进行随堂巩固和课后强化练习,增加主教材使用的便利性。本书附录一和附录二配有各项目"同步练习""项目综合练习"以及"综合自测题"的参考答案。

本教材由高级讲师王兆立、徐惠芳担任主编,刘春胜、高志艳担任副主编。参与本教材编写的人员还有陈爱新、王秋晓、尤晓婷、王爱民、张小磊等。本教材由王兆立负责统稿、总纂并定稿。

由于编写人员阅历、水平有限,加之编写时间仓促,书中疏漏与错误之处在所难免,敬请专家、同仁及读者批评指正。

编　者

2018年1月

目　录

项目一　税收基本知识   1

任务 1.1　认识税收   2

任务 1.2　税务登记   5

项目综合练习   7

项目二　增值税的计算与缴纳   10

任务 2.1　认识增值税   11

任务 2.2　增值税的计算   15

任务 2.3　增值税的缴纳   22

项目综合练习   35

项目三　消费税的计算与缴纳   42

任务 3.1　认识消费税   43

任务 3.2　消费税的计算   45

任务 3.3　消费税的缴纳   51

项目综合练习   54

项目四　企业所得税的计算与缴纳   59

任务 4.1　认识企业所得税   60

任务 4.2　企业所得税的计算   62

任务 4.3　企业所得税的缴纳   68

项目综合练习   78

项目五　个人所得税的计算与缴纳   84

任务 5.1　认识个人所得税   85

任务 5.2　个人所得税的计算   88

任务 5.3　个人所得税的缴纳   93

项目综合练习   98

项目六　其他税费的计算与缴纳   103

任务 6.1　关税的计算与缴纳   104

任务 6.2　资源税的计算与缴纳   106

任务 6.3　城镇土地使用税的计算与缴纳   110

任务 6.4　房产税的计算与缴纳   113

任务 6.5　车船税的计算与缴纳   118

任务 6.6　印花税的计算与缴纳   122

任务 6.7　城市维护建设税和教育费附加的
计算与缴纳   126

任务6.8　耕地占用税的计算与缴纳　　　130

任务6.9　土地增值税的计算与缴纳　　　134

任务6.10　契税的计算与缴纳　　　138

任务6.11　车辆购置税的计算与缴纳　　　140

任务6.12　环境保护税的计算与缴纳　　　143

项目综合练习　　　145

综合自测题（一）　　　152

综合自测题（二）　　　157

附录一　各项目同步练习和综合练习参考答案　　　161

附录二　综合自测题参考答案　　　186

主要参考文献　　　189

项目一　税收基本知识

知识框架

认识税收

- 一、税收概念
- 二、税收的特征：无偿性、强制性、固定性
- 三、税制要素：纳税义务人、征税对象、税目、计税依据、税率、纳税环节、纳税期限、减免税
- 四、税收分类：分类角度包括征税对象、收入归属、税负转嫁、税价关系、计税标准

税务登记

- 一、税务登记概念
- 二、税务登记的内容：包括开业税务登记、变更税务登记、停业复业税务登记、注销税务登记

任务 1.1　认识税收

重点难点

1.税制要素的基本含义。
2.税收分类的内容。

学习指导

1.结合财政知识理解税收的概念及特征。国家为了实现其职能，需要大量的财政资金，税收是国家取得财政收入的一种主要方式，具有其他财政收入方式不可取代的作用。税收的固定性保证了财政收入的及时和源源不断；税收的无偿征收，最适用于满足公共需要的开支。因此，税收收入成为政府收入的主要来源。

税收的三个基本特征是缺一不可的，判断一种财政收入是不是税，主要就是看它是否同时具有这三个特征。

2.结合具体税种理解税制要素的基本含义。每个税种都不外乎以下几项要素：纳税义务人、征税对象、税目、税率、纳税环节、纳税期限、纳税地点、减税免税等。其中，纳税义务人、征税对象和税率是构成税收制度的三个基本要素。

同步练习

一、单项选择题（在每小题列出的四个选项中，只有一项符合题目要求，请将符合题目要求的选项选出）

1.我国税法构成要素中，能够区别不同类型税种的主要标志是（　　）。

A.纳税人　　　　　B.征税对象　　　　　C.税率　　　　　　D.纳税期限

2.在计算工资薪金所得个人所得税时，允许按扣除 3 500 元后的金额计算应纳税额，该 3 500 元指的是（　　）。

A.起征点　　　　　B.免征额　　　　　C.税率式减免　　　D.税额式减免

3.免征额是指在某个数额中免于征税的数额，"某个数额"是指（　　）。

A.征税对象扣除额　B.应征税的数额　　C.征税项目　　　　D.征税对象总额

4.对同一课税对象，无论其数额大小，都按照相同比例征税的税率是（　　）。

A.比例税率　　　　B.累进税率　　　　C.定额税率　　　　D.幅度税率

5.按课税对象的单位直接规定固定征税数额的税率是（　　）。

A.比例税率　　　　B.累进税率　　　　C.定额税率　　　　D.幅度税率

6.企业所得税的税率形式是（　　）。

A.累进税率　　　　B.定额税率　　　　C.比例税率　　　　D.其他税率

7.在税制要素中，具体规定应当征税的项目，对课税对象具体化的是（　　）。

A.计税依据　　　　B.课税对象　　　　C.税目　　　　D.纳税义务人

8.下列各项税收中，属于中央税的是（　　）。

A.增值税　　　　B.消费税　　　　C.房产税　　　　D.企业所得税

9.下列税法构成要素中，衡量纳税义务人税收负担轻重与否的重要标志是（　　）。

A.计税依据　　　　B.减税免税　　　　C.税率　　　　D.征税对象

10.下列各项中，税种按照税负是否转嫁分类的是（　　）。

A.所得税类　　　　B.行为税类　　　　C.直接税类　　　　D.复合税

11.从税收分类角度看，下列说法正确的是（　　）。

A.增值税是流转税、价外税、共享税　　　　B.消费税是流转税、价内税、直接税

C.消费税是流转税、价外税、间接税　　　　D.房产税是资源税、从量税、共享税

12.下列各项中，属于按征税对象分类的是（　　）。

A.价外税　　　　B.行为税　　　　C.中央税　　　　D.从价税

13.采用比例税率计算应纳税额的是（　　）。

A.企业进口高档化妆品缴纳的消费税　　　　B.个人工资收入缴纳的个人所得税

C.转让房地产缴纳的土地增值税　　　　D.企业生产啤酒缴纳的消费税

14.下列各项中，属于地方税的是（　　）。

A.增值税　　　　B.房产税　　　　C.企业所得税　　　　D.消费税

15.下列税种中，采用从价征收的税种是（　　）。

A.企业所得税　　　　B.耕地占用税　　　　C.车船税　　　　D.消费税

二、多项选择题（在每小题列出的四个选项中，有两项或两项以上符合题目要求，请将符合题目要求的选项选出）

1.下列各项中，属于税收特征的是（　　）。

A.强制性　　　　B.灵活性　　　　C.无偿性　　　　D.固定性

2.我国现行税制中实行的税率形式是（　　）。

A.比例税率　　　　B.定额税率　　　　C.超额累进税率　　　　D.超率累进税率

3.下列关于征税对象说法正确的是（　　）。

A.征税对象包括物或行为

B.征税对象是一种税区别于另一种税的主要标志

C.消费税的征税对象为应税消费品

D.个人所得税的征税对象为应纳税所得额

4.下列属于纳税期限形式的是（　　）。

A.按期征收　　　　　　　　　　B.按次征收

C.按年计征，分期预缴　　　　　　D.按日征收

5.下列关于减免税的说法正确的是（　　）。

A.减税是对应纳税额减征一部分税款，免税是对应纳税额全部免征

B.征税对象数额没有达到起征点的不征税，达到起征点的就其全部数额征税

C.工资薪金所得，低于免征额3 500元不征税，只对超过3 500元的部分征税

D.减税免税是对某些纳税人和征税对象给予鼓励和照顾的一种措施

6.实行累进税率的税种是（　　）。

A.增值税　　　　　B.土地增值税　　　　C.个人所得税　　　　D.土地使用税

7.构成税制三个基本要素的是（　　）。

A.税目　　　　　B.税率　　　　　C.纳税人　　　　D.征税对象

8.下列税种中，属于地方税的是（　　）。

A.增值税　　　　　B.房产税　　　　　C.车船税　　　　D.土地增值税

9.下列各项中，属于税法构成要素的是（　　）。

A.税目　　　　　B.税率　　　　　C.计税依据　　　　D.负税人

10.在我国现行的下列税种中，属于行为税类的是（　　）。

A.房产税　　　　　B.印花税　　　　　C.车辆购置税　　　　D.城镇土地使用税

11.下列各项中，属于财产税类的是（　　）。

A.房产税　　　　　B.车船税　　　　　C.车辆购置税　　　　D.契税

12.下列各项中，属于中央地方共享税的是（　　）。

A.增值税　　　　　B.个人所得税　　　　C.企业所得税　　　　D.车船税

13.根据我国税法规定，我国的增值税属于（　　）。

A.流转税　　　　　B.间接税　　　　　C.共享税　　　　D.从价税

14.下列各项中属于税收基本要素的是（　　）。

A.征税人　　　　　B.纳税义务人　　　　C.征税对象　　　　D.计税依据

15.按照计税标准不同分类，税收可分为从价税、从量税和复合税。下列说法正确的是（　　）。

A.从价税是以课税对象的价格作为计税依据

B.从量税是以课税对象实物量作为计税依据征收的一种税，一般采用定额税率

C.复合税是指对征税对象采用从价和从量相结合的计税方法征收的一种税

D.对卷烟、白酒等征收的消费税，采用从价和从量相结合的计税方法

三、判断题（判断正误，正确的打"√"，错误的打"×"）

1.税收是国家为了满足一般的社会共同需要，凭借政治权力，按照国家法律规定的标准，强制地、无偿地取得财政收入的一种分配形式。（　　）

2.纳税人和负税人有时一致，有时不一致。（　　）

3.就流转税而言，纳税人和负税人一致。（　　）

4.计税依据是指计算应纳税额的依据或标准，是区别不同税种的重要标志。（　　）

5.纳税期限是指税法规定的纳税人在纳税义务发生后向国家缴纳税款的最后期限。（　　）

6.定额税率实行从量计征，税额大小与价格无关。（　　）

7.纳税人和负税人都是税法中规定的纳税义务人。（　　）

8.征税对象是一种税区别于另一种税的主要标志。（　　）

9.如果税法规定某一税种的起征点是5 000元，那么，超过起征点的，只对超过5 000元的部分征税。　　　　　　　　　　　　　　　　　　　　　　　　（　　　）

10.减免税是指国家对某些纳税义务人和征税对象给予鼓励和照顾的一种特殊规定。
　　　　　　　　　　　　　　　　　　　　　　　　　　　　　　　　（　　　）

11.纳税义务人可以是自然人，也可以是法人或其他组织。　　　　　　（　　　）

12.按计税依据划分，税收可以分为价内税和价外税。　　　　　　　　（　　　）

13.中央税就是指对中央企业征收的税，地方税就是指对地方企业征收的税。
　　　　　　　　　　　　　　　　　　　　　　　　　　　　　　　　（　　　）

14.中央税就是指国税局征收的税，地方税就是指地税局征收的税。　　（　　　）

15.按税收管理和使用权限分类，中央税包括消费税、增值税、车船税等。（　　　）

四、计算题（要求列出计算步骤，每步骤运算得数精确到小数点后两位）

甲、乙、丙三人当月收入分别为999元、1 000元、1 001元。

（1）如果规定起征点为1 000元，适用税率为10%，那么甲、乙、丙分别应交税多少？

（2）如果规定免征额为1 000元，适用税率为10%，那么甲、乙、丙分别应交税多少？

任务1.2 税务登记

重点难点

1.各类税务登记的基本规定。

2.“五证合一”的办证流程。

学习指导

1.明确税务登记是税务机关对纳税人的生产、经营活动进行登记并据此对纳税人实施税务管理的一种法定制度。它是税务机关对纳税人实施税收管理的首要环节和基础工作，是征纳双方法律关系成立的依据和证明，也是纳税人必须依法履行的义务。

2.重点掌握和辨别各种税务登记的适用情形。

3.分类理解和记忆，淡化概念，强调程序。

同步练习

一、单项选择题（在每小题列出的四个选项中，只有一项符合题目要求，请将符合题目要求的选项选出）

1.税务登记是整个税收征收管理的（　　　）。

A.起点　　　　　　B.终点　　　　　　C.中间环节　　　　　D.末端

2.税务登记不包括（　　）。

A.开业登记　　　　B.变更登记　　　　C.核定应纳税额　　D.注销登记

3.纳税人停业期满未按期复业又不申请延长停业的，税务机关应当视为（　　）。

A.自动注销税务登记　　　　　　　　B.已恢复营业，实施正常的税收管理

C.自动延长停业登记　　　　　　　　D.纳税人已自动接受罚款处理

4.自（　　）起，全国实行"五证合一、一照一码"登记制度。

A.2016年10月1日　　　　　　　　B.2015年10月1日

C.2015年12月1日　　　　　　　　D.2016年12月1日

5."五证合一"中的"五证"不包括（　　）。

A.组织机构代码证　　　　　　　　　B.税务登记证

C.社会保险登记证　　　　　　　　　D.安全经营许可证

6."五证合一、一照一码"登记制度涉及的部门不包括（　　）。

A.质监　　　　　B.社保　　　　　C.税务　　　　　D.公安

二、多项选择题（在每小题列出的四个选项中，有两项或两项以上符合题目要求，请将符合题目要求的选项选出）

1.税务登记的种类包括（　　）。

A.设立登记　　　　B.停业复业登记　　C.注销登记　　　　D.变更登记

2.在下列情况下，企业需要办理变更登记的是（　　）。

A.企业改变开户银行　　　　　　　　B.企业改变住所但不改变主管税务机关

C.企业改变法定代表人　　　　　　　D.企业增减注册资本

3.根据征管法规定，纳税人发生的下列情形中，应办理注销税务登记的是（　　）。

A.纳税人破产　　　　　　　　　　　B.纳税人变更法定代表人

C.纳税人被吊销营业执照　　　　　　D.纳税人暂停经营活动

4.关于停业复业税务登记说法正确的有（　　）。

A.适用于实行定期定额征收方式的纳税人

B.已办理停业登记的纳税人应当于恢复生产、经营前，向税务机关提出复业申请

C.若纳税人停业期满不能及时恢复生产、经营的，应当在停业期满前向税务机关提出延长停业登记

D.纳税人停业期满未按期复业又不申请延长停业的，税务机关应当视为已恢复营业，实施正常的税收征收管理

5."五证合一"中的"五证"包括工商营业执照、（　　）。

A.组织机构代码证　　　　　　　　　B.税务登记证

C.社会保险登记证　　　　　　　　　D.统计登记证

6."五证合一、一照一码"登记制度涉及的部门包括工商、（　　）。

A.质监　　　　　B.社保　　　　　C.税务　　　　　D.统计

7."五证合一、一照一码"登记制度具体适用范畴包括（　　）。

A.新设立企业　　　　　　　　　　　B.新设立企业的分支机构

C.农民专业合作社　　　　　　　　　　　　D.个体工商户

8.自 2017 年 12 月 1 日起，对个体工商户全面实施"两证合一"，两证包括（　　　）。

A.营业执照　　　　　　　　　　　　　　　B.税务登记证

C.社会保险登记证　　　　　　　　　　　　D.统计登记证

三、判断题（判断正误，正确的打"√"，错误的打"×"）

1.个人（包括个体户和自然人）只要发生应税行为都应办理税务登记。　　　　（　　）

2.停业复业税务登记适用于财务会计核算不健全的纳税人。　　　　　　　　（　　）

3."五证合一、一照一码"登记制度是指企业登记时由工商、质监、税务、人力社保、统计五个部门分别核发不同证照，改为由工商部门独自核发办理。　　　　（　　）

4."五证合一、一照一码"概括地说就是一表申请、一窗受理、一企一码、一照通用。　　　　　　　　　　　　　　　　　　　　　　　　　　　　　　　　　　（　　）

5."五证合一、一照一码"登记制度具体适用范畴包括个体工商户。　　　　（　　）

6.一个企业主体只拥有一个统一代码，一个统一代码只赋予一个企业主体。
　　　　　　　　　　　　　　　　　　　　　　　　　　　　　　　　　　　　（　　）

7.自 2017 年 12 月 1 日起，对个体工商户全面实施营业执照和税务登记证"两证合一"。　　　　　　　　　　　　　　　　　　　　　　　　　　　　　　　　　　（　　）

项目综合练习

一、单项选择题（在每小题列出的四个选项中，只有一项符合题目要求，请将符合题目要求的选项选出）

1.我国税法构成要素中，衡量税负大小的是（　　　）。

A.纳税人　　　　　B.征税对象　　　　　C.税率　　　　　D.纳税期限

2."以下免征，超过征"描述的是（　　　）。

A.起征点　　　　　B.免征额　　　　　C.税率式减免　　　　　D.税额式减免

3.按课税对象的单位直接规定固定征税数额的税率是（　　　）。

A.比例税率　　　　　B.累进税率　　　　　C.定额税率　　　　　D.幅度税率

4.企业所得税的税率形式是（　　　）。

A.累进税率　　　　　B.定额税率　　　　　C.比例税率　　　　　D.其他税率

5.下列各项税收中，属于共享税的是（　　　）。

A.增值税　　　　　B.消费税　　　　　C.房产税　　　　　D.城建税

6.下列各项中，按照税种的计税标准分类的是（　　　）。

A.所得税类　　　　　B.行为税类　　　　　C.直接税类　　　　　D.复合税

7.从税收分类角度看，下列说法正确的是（　　　）。

A.增值税是流转税、价外税　　　　　B.消费税是流转税、直接税

C.增值税是流转税、价内税　　　　　D.房产税是资源税、从量税

8.税务登记不包括（　　　）。

A.开业登记　　　　　B.变更登记　　　　　C.核定应纳税额　　　　　D.注销登记

9.纳税人的税务登记内容发生变化时，应当依法向原税务登记机关申报办理（　　）。

A.注销税务登记　　B.变更税务登记　　C.开业税务登记　　D.注册税务登记

10."五证合一、一照一码"登记制度具体适用范畴不包括（　　）。

A.新设立企业　　　　　　　　B.新设立企业及其分支机构

C.农民专业合作社　　　　　　D.个体工商户

二、多项选择题（在每小题列出的四个选项中，有两项或两项以上符合题目要求，请将符合题目要求的选项选出）

1.下列各项中，属于税收特征的是（　　）。

A.强制性　　　　　B.自愿性　　　　　C.无偿性　　　　　D.固定性

2.消费税实行两种税率形式，包括（　　）。

A.比例税率　　　　B.定额税率　　　　C.超额累进税率　　D.超率累进税率

3.纳税期限的形式有（　　）。

A.按次计征　　　　　　　　　B.按期计证

C.按年计征，分期预缴　　　　D.按日征收

4.下列税种中，实行超额累进税率或超率累进税率的是（　　）。

A.增值税　　　　　B.土地增值税　　　C.个人所得税　　　D.土地使用税

5.税制的基本要素是（　　）。

A.税目　　　　　　B.纳税人　　　　　C.征税对象　　　　D.税率

6.下列税种中，属于地方税的是（　　）。

A.增值税　　　　　B.房产税　　　　　C.车船税　　　　　D.企业所得税

7.我国现行增值税属于（　　）。

A.流转税　　　　　B.直接税　　　　　C.共享税　　　　　D.从价税

8.税务登记制度包括（　　）。

A.开业登记　　　　B.变更登记　　　　C.注销登记　　　　D.停业复业登记

9.在下列情况下，企业需要办理注销税务登记的是（　　）。

A.企业改变开户银行　　　　　B.企业改变住所并改变主管税务机关

C.企业改变法定代表人　　　　D.企业被吊销营业执照

10.关于停业复业税务登记说法正确的是（　　）。

A.适用于实行定期定额征收方式的纳税人

B.已办理停业登记的纳税人应当于恢复生产、经营前，向税务机关提出复业申请

C.若纳税人停业期满不能及时恢复生产、经营的，应当在停业期满前向税务机关办理延长停业登记

D.纳税人停业期满未按期复业又不申请延长停业的，税务机关应当视为已恢复营业，实施正常的税收征收管理

三、判断题（判断正误，正确的打"√"，错误的打"×"）

1.税收是国家凭借政治权力和财产权力而征收的。　　　　　　　　　　（　　）

2.纳税人和负税人完全是一个概念。　　　　　　　　　　　　　　　　（　　）

3.纳税期限是指税法规定的纳税人缴纳税款的时间限制。　　　　　　（　　）

4.定额税率虽然实行从量计征，但其税额大小与价格密切相关。　　　（　　）

5.如果税法规定某一税种的起征点是 20 000 元，那么，超过起征点的，只对超过 20 000 元的部分征税。　　　　　　　　　　　　　　　　　　（　　）

6.减免税体现了国家对纳税人的鼓励或照顾。　　　　　　　　　　　（　　）

7.纳税义务人包括法人和自然人，不包括个人。　　　　　　　　　　（　　）

8.按税收管理和使用权限分类，中央税包括消费税、增值税等。　　　（　　）

9.停业复业税务登记不适用于实行定期定额证收方式的纳税人。　　　（　　）

10.从 2018 年 1 月 1 日起，企业一律改为使用加载"统一代码"的营业执照办理相关业务，未换发营业执照不再有效。　　　　　　　　　　　　　（　　）

项目二 增值税的计算与缴纳

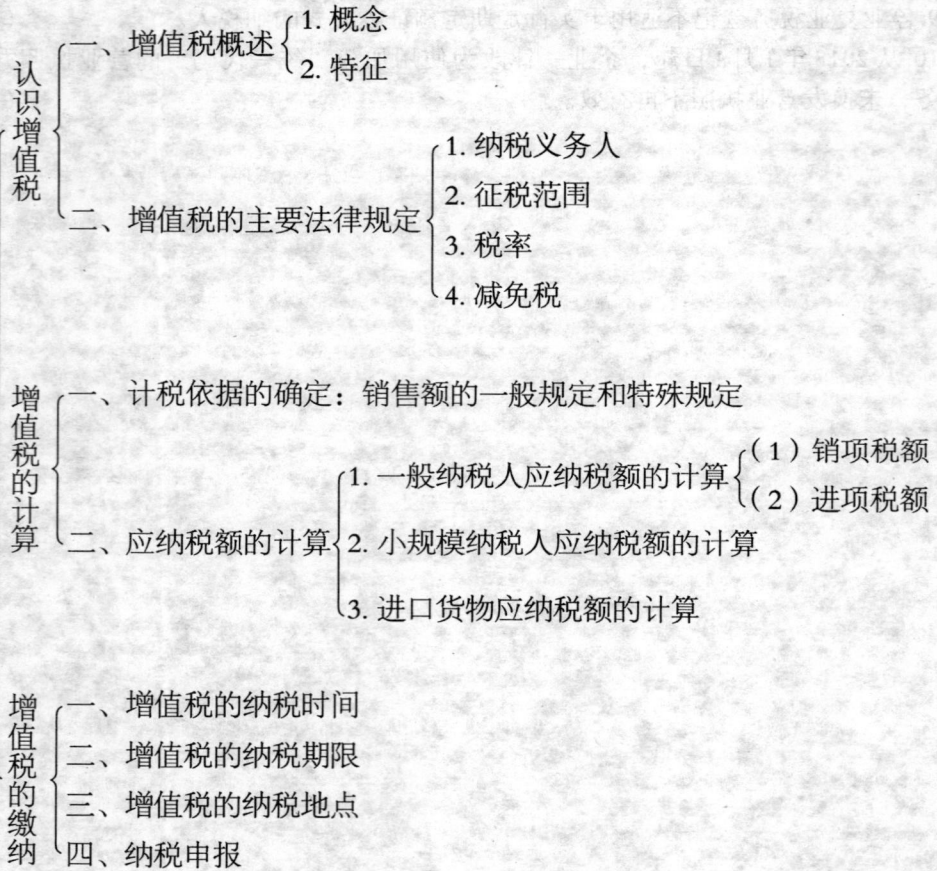

知识框架

认识增值税
- 一、增值税概述
  - 1. 概念
  - 2. 特征
- 二、增值税的主要法律规定
  - 1. 纳税义务人
  - 2. 征税范围
  - 3. 税率
  - 4. 减免税

增值税的计算
- 一、计税依据的确定：销售额的一般规定和特殊规定
- 二、应纳税额的计算
  - 1. 一般纳税人应纳税额的计算
    - （1）销项税额
    - （2）进项税额
  - 2. 小规模纳税人应纳税额的计算
  - 3. 进口货物应纳税额的计算

增值税的缴纳
- 一、增值税的纳税时间
- 二、增值税的纳税期限
- 三、增值税的纳税地点
- 四、纳税申报

任务 2.1 认识增值税

重点难点

1. 纳税义务人、征税范围及税率的基本规定。
2. 视同销售行为、进项税额扣除范围的税务处理。

学习指导

1. 结合会计知识理解视同销售行为。会计课程中已介绍过将自产货物用于非销售用途相应的会计处理，应将视同销售的内容与会计处理一一对照学习。
2. 结合会计知识理解进项税额扣除内容，应将进项税额扣除的内容与会计处理一一对照学习。

同步练习

一、单项选择题（在每小题列出的四个选项中，只有一项符合题目要求，请将符合题目要求的选项选出）

1. 增值税是对货物或者服务的流转额征收的一种流转税，计税依据是（   ）。

A. 销售额   B. 营业额   C. 增值额   D. 收入额

2. 根据《增值税暂行条例》的规定，增值税一般纳税人兼营不同增值税税率的货物，未分别核算不同税率货物销售额的，确定其适用增值税税率的方法是（   ）。

A. 适用 3% 的征收率 B. 适用从低税率   C. 适用平均税率   D. 适用从高税率

3. 按照《增值税暂行条例》规定，下列业务中不征收增值税的是（   ）。

A. 销售大型机床   B. 提供电信服务

C. 销售自来水   D. 被保险人获得的保险赔付

4. 下列业务中，按规定应征收增值税的是（   ）。

A. 存款利息

B. 保险业务

C. 被保险人获得的保险赔付

D. 资产重组中涉及的不动产、土地使用权转让行为

5. 下列各项中，属于增值税征收范围的是（   ）。

A. 住宅专项维修资金   B. 保险赔款

C. 资产有偿转让   D. 资产重组

6. 下列各项中，应按 6% 缴纳增值税的是（   ）。

A.提供不动产租赁服务 　　　　　　B.提供建筑服务

C.提供金融服务 　　　　　　　　　D.销售住房

7.下列各项中，应按11%缴纳增值税的是（　　　）。

A.提供有形动产租赁服务 　　　　　B.提供金融服务

C.提供房屋租赁服务 　　　　　　　D.提供旅游服务

8.下列各项中，应按5%缴纳增值税的是（　　　）。

A.进口固定资产设备的企业 　　　　B.销售房屋（购买不足2年）的自然人

C.零售杂货的个体户 　　　　　　　D.生产销售自然资源的矿业公司

9.根据增值税有关规定，下列关于增值税的说法不正确的是（　　　）。

A.除国务院另有规定外，纳税人出口货物税率为零

B.纳税人提供加工、修理修配劳务，适用税率为17%

C.农业生产者销售自产农作物，适用11%的增值税税率

D.纳税人兼营不同税率的货物或者应税劳务，应当分别核算不同税率货物或者应税劳务的销售额

10.下列行为必须视同销售货物，应征收增值税的是（　　　）。

A.某商店为厂家代销服装 　　　　　B.某公司将外购饮料用于个人消费

C.某企业将外购钢材用于建设职工澡堂 D.某企业将外购食品用于职工福利

11.某工业企业（一般纳税人）发生的下列行为中，应视同销售货物计算增值税销项税额的是（　　　）。

A.将购买的货物用于集体福利 　　　B.将购买的货物用于个人消费

C.将购买的货物用于对外投资 　　　D.将购买的货物用于生产应税产品

12.下列经营行为中属于混合销售行为，应按销售货物缴纳增值税的是（　　　）。

A.某农村供销社既销售适用税率为17%的家用电器，又销售适用税率为11%的化肥、农药等

B.某家具厂一方面批发家具，一方面又对外承揽室内装修业务

C.某家电销售公司向消费者销售空调并实行有偿安装

D.某娱乐公司提供歌舞服务的同时销售烟酒饮料

13.下列混合销售行为中，应当按照销售服务征收增值税的是（　　　）。

A.KTV歌厅提供唱歌服务并销售酒水 B.商店销售晾衣架并实行有偿安装

C.商场销售化肥并实行有偿送货上门 D.超市销售电脑并实行有偿升级服务

14.自2017年7月1日起，简并增值税税率结构设为两档低税率，即（　　　）。

A.11%和3% 　　B.11%和6% 　　C.6%和3% 　　D.3%和0

二、多项选择题（在每小题列出的四个选项中，有两项或两项以上符合题目要求，请将符合题目要求的选项选出）

1.现行政策规定，下列纳税人应视同小规模纳税人征税的是（　　　）。

A.年应税销售额达到60万元的某工厂

B.年应税销售额达到70万元的某商场

C.年应税销售额达到100万元的个人张某

D.年应税服务额达到600万元的某运输公司

2.按照现行规定，下列各项中应登记为小规模纳税人的是（　　　）。

A.会计核算制度不健全，年不含税销售额在50万元以下的从事货物生产的纳税人

B.年不含税销售额在100万元以上的从事货物批发的纳税人

C.年不含税销售额在80万元以下，会计核算制度不健全的从事货物零售的纳税人

D.年不含税销售额为60万元，会计核算制度健全的从事货物生产的纳税人

3.以下不属于增值税一般纳税人的是（　　　）。

A.会计核算不健全，年应税销售额未超过小规模纳税人标准的企业

B.非企业性单位

C.不经常发生增值税应税行为的企业

D.除个体经营者以外的其他个人

4.下列关于增值税的说法中，正确的是（　　　）。

A.增值税是价外税

B.纳税人提供有形动产租赁服务，适用的增值税税率为17%

C.增值税的纳税人按其经营范围大小，分为一般纳税人和特殊纳税人

D.增值税是以商品或者服务在流转过程中产生的收入额作为计税依据而征收的一种流转税

5.下列关于增值税的说法正确的是（　　　）。

A.在我国境内销售货物或服务、无形资产或不动产以及进口货物的单位和个人，为增值税的纳税人

B.电力、热力和气体不属于有形动产，因此销售此类产品不征收增值税

C.增值税的征税范围已覆盖服务业

D.房屋属于不动产，销售房屋还未纳入增值税的征税范围

6.根据增值税法律制度规定，下列各项中，属于增值税征收范围的是（　　　）。

A.进口货物　　　　　　　　　　B.农民出售自产农业初级产品

C.修理汽车　　　　　　　　　　D.服装加工劳务

7.根据增值税有关规定，下列产品中，适用11%的税率的是（　　　）。

A.锅炉　　　　　　B.自来水　　　　　　C.饲料　　　　　　D.居民用煤炭制品

8.下列项目中，属于增值税征税范围的是（　　　）。

A.广告设计　　　　B.会议展览　　　　C.技术咨询　　　　D.接受保险赔付服务

9.下列业务中，应按11%的税率缴纳增值税的是（　　　）。

A.公路运输服务　　B.水路运输服务　　C.管道运输服务　　D.航空运输服务

10.根据现行增值税的规定，纳税人提供下列劳务应当按照17%缴纳增值税的是（　　　）。

A.汽车的修配　　　B.房屋的修理　　　C.房屋的装潢　　　D.受托加工白酒

11.下列业务中，按规定应按照17%的税率征收增值税的是（　　　）。

A.房屋租赁业务　　　　　　　　B.设备经营租赁业务

C.设备融资租赁业务　　　　　　D.土地租赁业务

12.下列服务业中，按规定应征收增值税的是（　　）。

A.交通运输服务　　B.邮政服务　　　　C.物流辅助服务　　D.广播影视服务

13."营改增"中的交通运输业包括（　　）。

A.陆路运输服务　　B.水路运输服务　　C.航空运输服务　　D.物流辅助服务

14.下列业务中，按规定应按照17%的税率征收增值税的是（　　）。

A.销售电力　　　　　　　　　　B.销售大型设备

C.销售不动产　　　　　　　　　D.转让土地使用权

15.根据增值税法律制度规定，视同销售行为应当征收增值税的事项是（　　）。

A.将购买的货物分配给股东　　　　B.将购买的货物委托外单位加工

C.将购买的货物无偿赠送他人　　　D.将购买的货物用于集体福利

16.根据扣除项目中对外购固定资产的处理方式不同，增值税可划分为（　　）。

A.生产型增值税　　B.收入型增值税　　C.消费型增值税　　D.调节型增值税

17.根据"营改增"相关规定，下列情形不属于在境内提供应税服务的是（　　）。

A.境外单位或者个人向境内单位或者个人提供完全在境外消费的应税服务

B.境外单位或者个人向境内单位或者个人提供完全在境内消费的应税服务

C.境外单位或者个人向境内单位或者个人出租完全在境外使用的有形动产

D.境外单位或者个人向境内单位或者个人出租在境内使用的不动产

18.下列关于增值税税率的说法正确的是（　　）。

A.自来水、暖气、煤气、居民用煤炭制品等适用11%的税率

B.饲料、化肥、农药、农机（不包括农机零部件）适用11%的税率

C.单位和个人提供的国际运输服务、向境外单位提供的研发服务和设计服务，适用税率为零

D.纳税人提供适用不同税率的应税服务，应当分别核算适用不同税率的销售额；未分别核算的，从高适用税率

三、判断题（判断正误，正确的打"√"，错误的打"×"）

1.增值税纳税人按会计核算水平和利润规模，分为普通纳税人和特殊纳税人。

（　　）

2.我国现行增值税的征收范围只涉及货物及加工修理修配劳务，不涉及服务。

（　　）

3.货物收入缴纳增值税，服务收入缴纳消费税。（　　）

4.我国增值税税率包括17%、11%、6%及适用于出口货物或服务的零税率。

（　　）

5.提供交通运输业服务、邮政业服务，适用的增值税税率为11%。（　　）

6."营改增"后的增值税征税范围包括在我国境内销售货物或服务、无形资产或不动产以及进口货物。（　　）

7.单位或个体经营者聘用的员工为本单位或雇主提供加工、修理修配劳务，不属于增值税的征税范围。（　　）

8.光租业务和干租业务属于交通运输业，按11%的税率缴纳增值税。（　　）

9.小规模纳税人销售货物，按3%的征收率计算应纳税额，不得抵扣进项税额。
（　　）

10.只要是增值税年应纳税销售额达到规定数额的企业，都可以登记为增值税一般纳税人；反之，年应税销售额未达到规定标准的企业，一律不能登记为一般纳税人。
（　　）

11.无偿向其他单位或者个人提供应税服务应视同有偿提供应税服务，计算缴纳增值税。
（　　）

12.纳税人兼有不同税率或者征收率的销售货物、提供加工修理修配劳务或者应税服务的，应当分别核算适用不同税率或征收率的销售额，未分别核算销售额的，平均适用税率或征收率。
（　　）

13.增值税纳税人发生的兼营免税行为，如果未分别核算，则统一征收增值税。
（　　）

14.非企业性单位、不经常发生应税行为的企业可选择按小规模纳税人纳税。
（　　）

15.除国家税务总局另有规定外，一经登记为一般纳税人后，不得转为小规模纳税人。
（　　）

任务2.2　增值税的计算

重点难点

1.销项税额的计算中关于销售额的确定。
2.进项税额的确定中关于不得抵扣进项税额的规定。

学习指导

1.结合会计核算知识理解销项税额和进项税额的相关内容。会计课程中已介绍过销项税额和进项税额的基本含义和会计处理，应一一对照学习。
2.从销项税额和进项税额的对应关系的角度理解视同销售行为和不得抵扣进项税额的规定。

同步练习

一、单项选择题（在每小题列出的四个选项中，只有一项符合题目要求，请将符合题目要求的选项选出）

1.下列项目中不能抵扣进项税额的是（　　　）。

A.外购运输服务 B.外购广告服务 C.外购娱乐服务 D.外购仓储服务

2.一般纳税人因当期销项税额小于当期进项税额，其不足抵扣部分的税务处理是（ ）。

A.用上期的余额抵扣 B.结转下期继续抵扣

C.不得再抵扣 D.退还已纳税款

3.下列项目中进项税额可从销项税额中抵扣的是（ ）。

A.购进原材料用于生产免征增值税的产品

B.购进原材料用于生产应征增值税的产品

C.外购原材料发生非正常损失

D.购进货物用于集体福利或个人消费

4.大鸣食品厂（一般纳税人）2017年8月批发销售秋香月饼取得不含税收入4 000元，直接销售给消费者秋香汤圆取得含税收入1 170元，则该厂当月增值税销项税额为（ ）。

A.850元 B.878.9元 C.580元 D.680元

5.某酱菜厂（一般纳税人）2017年9月销售八宝豆豉取得含税销售额234万元，同时收取包装物租金5 850元，则该厂当月增值税销项税额为（ ）。

A.340 850元 B.340 000元 C.340 994.5元 D.345 850元

6.某服装厂（一般纳税人）2017年7月将自产的服装作为福利发给本厂职工，该批产品成本共计10万元，成本利润率为10%，无同类产品销售价格，则该厂当月增值税销项税额为（ ）。

A.0.1万元 B.1.87万元 C.11万元 D.1.1万元

7.某商场（一般纳税人）上月购进的一批服装本月发生被盗，该批服装成本价为4 000元，则本月应调减进项税额（ ）。

A.680元 B.748元 C.795.6元 D.478元

8.某服装厂2017年10月购进货物支付进项税额55 000元，上月的留抵进项税额为3 300元，以前月份购进的材料发生被盗，购进的当月已抵扣进项税额1 000元，则本期可抵扣的进项税额为（ ）。

A.1 200元 B.5 930元 C.57 300元 D.53 300元

9.顺达酒行（小规模纳税人）2017年第三季度实现含税销售额94 080元，第三季度购货54 080元，支付水电费2 000元，其应纳增值税额为（ ）。

A.1 923.25元 B.2 080元 C.2 163.24元 D.2 740.19元

10.某青年礼品店为增值税小规模纳税人，2017年第四季度取得销售收入（含增值税）95 000元，收取包装费400元，购进原材料支付价款（含增值税）36 400元。该企业应缴纳增值税额为（ ）。

A.3 540元 B.5 400元 C.5 724元 D.2 778.64元

二、多项选择题（在每小题列出的四个选项中，有两项或两项以上符合题目要求，请将符合题目要求的选项选出）

1.下列关于增值税的说法正确的是（ ）。

A.实行价外计税

B.允许扣除外购固定资产相应的进项税额

C.实行购进扣税法

D.对纳税人按经营规模和会计核算水平标准分类

2.计算销项税额的销售额不包括（　　）。

A.全部价款　　　　B.价外费用　　　　C.增值税　　　　D.代收的消费税

3.下列业务中，不得抵扣进项税额的是（　　）。

A.购进材料用于免征增值税项目　　　　B.购进材料发生非正常损失

C.购进材料用于集体福利　　　　　　　D.购进材料用于个人消费

4.非正常损失包括（　　）。

A.因管理不善、货物丢失所造成的损失

B.被执法部门依法没收或者强令自行销毁的货物

C.因管理不善货物发生霉烂变质所造成的损失

D.因管理不善货物被盗所造成的损失

5.下列关于增值税销售额的确定说法正确的是（　　）。

A.纳税人采取折扣方式销售货物或服务、无形资产或不动产的，如果将折扣额另
开发票的，不论财务上如何处理，均不得从销售额中扣除折扣额

B.采取销售折扣方式销售，不得从销售额中扣减销售折扣，即应按货价全额计税

C.采取以旧换新方式销售货物的，应按新货物的同期销售价格确定销售额，不得冲
减旧货物的收购价格

D.对金银首饰以旧换新业务，按销售方实际收取的不含增值税的全部价款计缴增值
税

6.根据增值税法律规定，下列属于增值税扣税凭证的是（　　）。

A.农产品收购发票　　　　　　　B.增值税专用发票

C.增值税普通发票　　　　　　　D.海关的增值税专用缴款书

7.增值税一般纳税人取得的下列发票或凭证中，可据以抵扣进项税额的是（　　）。

A.外购免税农产品的收购发票

B.进口大型设备取得的海关专用缴款书

C.外购原材料支付运费取得的增值税专用发票

D.接送旅客运输取得的车票

8.下列关于增值税出口退税的表述正确的是（　　）。

A.纳税人出口货物实行零税率，实际是指货物出口时整体税负为零

B.出口退税可使本国产品以不含税的价格进入国际市场，增强竞争能力

C.增值税的退税率与增值税税率不一定相同

D.出口退税包括"免、抵、退"和"先征后退"两种计算办法

9.下列不得抵扣进项税额的是（　　）。

A.某一般纳税人购进货物，取得税务机关代开的增值税专用发票

B.某超市将购进的商品（已取得增值税专用发票）奖励给优秀员工

C.某企业进口一台设备，款项未付，已取得海关完税凭证

D.某外贸企业从境内购进货物，取得增值税专用发票，出口销售

10.某生产企业2017年8月取得如下收入：（1）生产销售小汽车取得收入1 500万元；（2）附设饭店取得收入20万元；（3）附设搬家公司取得收入0.8万元；（4）修理汽车取得收入7万元。该企业哪些业务应按17%税率缴纳增值税（　　　）。

A.（1）　　　　　B.（2）　　　　　C.（3）　　　　　D.（4）

三、判断题（判断正误，正确的打"√"，错误的打"×"）

1.已抵扣进项税额的上月购进货物，如果因管理不善而造成霉烂变质损失，应将损失货物的进项税额从当期发生的进项税额中扣减。　　　　　　　　　　　　　　（　　　）

2.晨曦广告公司为增值税小规模纳税人，本季度取得广告收入51.5万元（含税）。该广告公司本季度应纳增值税额为1.5万元。　　　　　　　　　　　　　　　　（　　　）

3.纳税人如当期销项税额小于当期进项税额而不足抵扣时，其不足部分可以结转下期继续抵扣。　　　　　　　　　　　　　　　　　　　　　　　　　　　　（　　　）

4.某手机厂将自产的手机发给职工作福利，应视同销售缴纳增值税。　　（　　　）

5.增值税纳税人发生的兼营免税行为，如果未分别核算，则由主管税务机关进行核定。　　　　　　　　　　　　　　　　　　　　　　　　　　　　　　　（　　　）

6.采取以旧换新方式销售货物的，应按新货物的同期销售价格确定销售额，不得冲减旧货物的收购价格。　　　　　　　　　　　　　　　　　　　　　　　（　　　）

7.纳税人进口货物，应按组成计税价格计算进口环节的增值税。　　　（　　　）

8.一般纳税人外购货物只要没有取得增值税专用发票，就不得抵扣进项税额。
　　　　　　　　　　　　　　　　　　　　　　　　　　　　　　　　（　　　）

9.增值税纳税人销售货物发生商业折扣和现金折扣的行为，均可按折扣后的价款计算增值税。　　　　　　　　　　　　　　　　　　　　　　　　　　　　　（　　　）

10.商场将购进货物作为福利发放给职工，应视同销售计征增值税，其相应的进项税额允许抵扣。　　　　　　　　　　　　　　　　　　　　　　　　　　　（　　　）

四、计算题（要求列出计算步骤，每步骤运算得数精确到小数点后两位）

1.临海市光明文具厂（一般纳税人）2017年10月发生下列业务：

（1）购进生产用原材料一批，取得的增值税专用发票上注明价款12 000元、税款2 040元；支付运输费用，取得的增值税专用发票上注明价款3 000元、税款330元。

（2）购进生产设备一台，取得的增值税专用发票上注明价款10 000元、税款1 700元，同时取得的增值税专用发票上注明运费1 000元、税款110元。

（3）因管理不善，本月仓库被盗，损失6 000元，所对应的进项税额为1 020元，前期已作为进项税额抵扣。

（4）支付水电费，取得的增值税专用发票分别注明税款1 190元、910元。

（5）向第三实验小学无偿捐赠文具一批，该批文具市场售价2 500元（不含税）。

（6）批发销售文具取得不含税销售额60 000元，零售文具取得含税销售额9 360元。

要求：计算该厂应纳增值税额。

2.某运输公司为增值税一般纳税人，2017年11月发生经济业务如下：

（1）车辆加油取得增值税专用发票若干张，累计注明税款17 000元。

（2）购进修理用汽车配件，取得增值税专用发票，注明价款30 000元、税款5 100元。

（3）从外地某汽车租赁公司租入8辆客车用于"十一"黄金周，取得增值税专用发票，注明价款80 000元、税款13 600元。

（4）接受某软件服务公司软件开发维护，取得当地税务机关代开的增值税专用发票，注明价款10 000元、税款300元。

（5）取得货运收入450 000元（不含税），取得客运收入55 500元（含税）。

要求：计算该企业当期应纳增值税额。

3.晨曦广告公司为增值税小规模纳税人，2017年第三季度取得广告设计收入20万元、广告制作收入15万元、广告发布收入16.5万元，以上收入均为含税收入。

要求：计算该广告公司第三季度应纳增值税额。

4.大学城极速单车修理行为小规模纳税人，2017年12月份取得修理收入10 300元，组装销售单车取得销售收入30 900元，当月购进配件花费12 000元。

要求：计算该修理行应纳增值税额。

5.某公司2017年8月进口钢材一批，关税完税价格为250万元，已纳关税50万元，进口货物适用增值税税率17%。

要求：计算该公司应纳增值税额。

五、案例分析题

1.某省甲市粮油公司为增值税一般纳税人，以货物生产为主，并兼营货物批发零售业务，不承担粮食收储任务，不享受国家关于粮食的有关税收优惠政策。该公司2017年9—10月发生如下业务：

（1）9月销售给消费者豆油2 000千克，每千克18元（不含税），已收到全部货款，开出普通发票，合计金额18 000元，其余因消费者未索取而未开发票。

（2）9月向农业生产者收购免税大豆一批，取得的收购凭证上注明价款15 000元，大豆已验收入库。

（3）9月向邻省乙市某酒厂销售高粱50吨（粮油公司未向甲市主管税务机关申请开具外出经营活动税收管理证明），高粱不含税销售价格为1 800元/吨。由于甲市没有火车站，粮油公司将高粱运至本省丙市丁县火车站，并发往乙市，该粮油公司本月已收到全部货款，已收到铁路部门开具的增值税专用发票，注明运费6 000元。

（4）10月购进磨面机一台，取得增值税专用发票，注明价款10 000元、税额1 700元；支付运费，取得承运部门开具的增值税专用发票注明运费2 000元，磨面机已安装并投入使用。

（5）10月该粮油公司装修公司大门，其所属建筑公司（独立核算的一般纳税人）负责该装修业务，收取装修费10 000元（包括材料费5 000元、人工费5 000元，不含税）。

要求：根据上述材料，回答下列问题。

（1）下列各项中，关于上述第一笔业务发票开具的说法正确的是（　　　）。

A.该粮油公司向消费者销售豆油可以开具增值税专用发票，也可以开具普通发票

B.该粮油公司向消费者销售豆油只能开具普通发票

C.该粮油公司向消费者销售豆油只能开具增值税专用发票

D.该粮油公司向消费者销售豆油不能开具发票

（2）上述第三笔业务中，该粮油公司的申报纳税地点应为（　　　）。

A.甲市　　　　　　B.乙市　　　　　　C.丙市　　　　　　D.丁县

（3）上述第三笔业务中，该粮油公司支付运费可抵扣的进项税额为（　　　）。

A.660元　　　　　B.420元　　　　　C.1 020元　　　　D.918元

（4）该粮油公司所属建筑公司开展装修业务应计算的销项税额为（　　　）。

A.1 700元　　　　B.1 100元　　　　C.850元　　　　　D.1 400元

（5）下列各项说法正确的是（　　　）。

A.9月该粮油公司应抵扣的进项税额为2 310元

B.9月该粮油公司应抵扣的进项税额为1 950元

C.10月该粮油公司应抵扣的进项税额为1 920元

D.10月该粮油公司应抵扣的进项税额为1 700元

2.大华机械公司为增值税一般纳税人，主要生产各种电动工具，适用的增值税税率为17%，2017年9月5日该公司申报缴纳8月增值税税款100万元，9月底，税务机关对该公司8月增值税计算缴纳情况进行专项检查，有关检查情况如下：

（1）8月6日，销售电动工具一批，实现含税销售额93 600元，账务处理为：

借：银行存款　　　　　　　　　　　　　　　　　　　　　　　93 600

　贷：其他应付款　　　　　　　　　　　　　　　　　　　　　　　93 600

（2）8月10日，处理一批下脚料，取得的含增值税销售额为35 100元，存入银行，全部记入"其他业务收入"，未计算销项税额。

（3）8月15日，购进低值易耗品一批，取得承运公司开具的增值税专用发票，注明运费金额10 000元。该公司错误计算抵扣的进项税额为1 700元。

（4）8月25日，销售电动工具一批，另外向购货方收取包装物租金23 400元。该公司将该项价外费用全部计入了营业外收入，未计算销项税额。

要求：根据上述资料回答下列问题。

（1）该公司第一笔业务的行为属于（　　　）。

A.偷税　　　　　　B.骗税　　　　　　C.欠税　　　　　　D.抗税

（2）第一笔和第二笔业务应补缴增值税为（　　　）。

A.第一笔业务应补缴增值税13 600元

B.第一笔业务应补缴增值税15 912元

C.第二笔业务应补缴增值税5 100元

D.第二笔业务应补缴增值税5 967元

（3）关于第三笔业务说法正确的是（　　　）。

A.购进低值易耗品发生运费不得抵扣进项税额

B.购进低值易耗品发生运费可以抵扣进项税额

C.可以抵扣的进项税额为 1 100 元

D.可以抵扣的进项税额为 1 700 元

（4）销售电动工具向购货方收取的包装物租金应（　　　）。

A.可抵扣进项税额 1 170 元　　　　　　　　B.缴纳增值税 3 400 元

C.可抵扣进项税额 1 700 元　　　　　　　　D.缴纳增值税 3 978 元

（5）该公司应补缴增值税（　　　）。

A.22 700 元　　　　　　B.19 400 元　　　　　　C.19 000 元　　　　　　D.18 700 元

3.某商业企业属于增值税小规模纳税人，2017 年 10 月有关购销业务如下：

（1）购进服装 100 套，进价 150 元/套，取得普通发票，价款已付；另支付进货运费 200 元，取得运输单位开具的运输发票。

（2）购入办公设备，取得普通发票，注明价款 5 500 元。

（3）销售服装 80 套，售价 412 元/套，开具的普通发票上注明价款 32 960 元，价款已全部收到。

（4）转让厂房，取得转让收入 105 000 元。

要求：根据上述材料，回答下列问题。

（1）下列关于增值税小规模纳税人的说法中，正确的是（　　　）。

A.从事货物生产或提供应税劳务的纳税人，以及以从事货物生产或提供应税劳务
　为主，并兼营货物批发或零售的纳税人，年应税销售额在 50 万元以下的，属于
　小规模纳税人

B.从事货物批发或零售的纳税人，年应税销售额在 80 万元以下的，属于小规模纳
　税人

C.年应税销售额超过小规模纳税人标准的个人、非企业性单位、不经常发生应税行
　为的企业，视同小规模纳税人

D.小规模纳税人应纳增值税与购进货物没有关系，购进货物的全部支出都将计入
　货物的成本

（2）小规模纳税人增值税的征收率为（　　　）。

A.3%　　　　　　　　B.5%　　　　　　　　C.6%　　　　　　　　D.11%

（3）该企业销售服装应缴纳的增值税税额为（　　　）。

A.960 元　　　　　　B.988.8 元　　　　　　C.966 元　　　　　　D.976 元

（4）该企业转让厂房应缴纳的增值税为（　　　）。

A.5 250 元　　　　　　B.3 150 元　　　　　　C.5 000 元　　　　　　D.3 000 元

（5）下列各项说法正确的是（　　　）。

A.该企业外购服装可抵扣的进项税额为 0

B.该企业外购服装发生的运费可抵扣的进项税额为 14 元

C.该企业购入办公用品可抵扣的进项税额为 165 元

D.该企业可按 3% 的征收率计算可抵扣的进项税额

4.某企业为一般纳税人，2017 年 8 月发生的几笔购销业务如下：

（1）购入原材料，取得的增值税专用发票上注明价款40万元。

（2）销售企业生产的应税甲产品，开具普通发票，取得的含税销售额为11.7万元。

（3）购入企业生产所需的配件，取得的增值税专用发票上注明的价款为2.5万元。

（4）购入企业所需的包装物，取得的增值税专用发票上注明的价款为2万元。

（5）销售企业生产的应税乙产品，取得不含税销售额50万元。

（6）取得存款利息1.5万元。

（7）企业为职工幼儿园购进一批儿童桌、椅、木床，取得的增值税专用发票上注明价款1.8万元。

（8）向农业生产者购进作为生产原料的免税农产品，买价为3万元。

（9）取得保险赔付款10万元。

假设上述各项购销货物税率均为17%，购进货物均取得增值税专用发票，向农业生产者购买的免税农业产品，按买价依照11%的扣除率计算进项税额。上月未抵扣完的进项税额为零。

要求：根据上述资料，回答下列问题。

（1）应计算当期销项税额的销售额包括（　　　）。

A.销售甲产品的销售额　　　　　　　　B.存款利息1.5万元

C.保险赔付款10万元　　　　　　　　　D.销售乙产品的销售额

（2）当期销项税额为（　　　）。

A.10.49万元　　　　B.10.2万元　　　　C.8.5万元　　　　D.9.15万元

（3）可以抵扣的进项税额包括（　　　）。

A.购入原材料取得专用发票上注明的价款

B.购入免税农产品的价款

C.购入生产所需的配件和包装物取得专用发票上注明的价款

D.企业为职工幼儿园购进一批儿童桌、椅、木床的价款

（4）当期可以抵扣的进项税额为（　　　）。

A.8.08万元　　　　B.7.57万元　　　　C.7.9万元　　　　D.7.82万元

（5）当期应纳增值税额为（　　　）。

A.2.3万元　　　　B.1.12万元　　　　C.1.63万元　　　　D.1.38万元

任务2.3　增值税的缴纳

重点难点

1.纳税义务发生时间、纳税期限、纳税地点的基本规定。

2.纳税申报流程。

学习指导

1.结合会计知识理解纳税义务发生时间的规定。不同销售方式和结算方式下的销售收入的会计处理是不同的，注意会计处理与税务处理的差别。

2.结合实例，根据填表说明及表与表之间的勾稽关系，掌握纳税申报表的填报。

同步练习

一、单项选择题（在每小题列出的四个选项中，只有一项符合题目要求，请将符合题目要求的选项选出）

1.依据现行增值税的有关规定，纳税人购进货物取得增值税专用发票后，到税务机关认证的时限是（　　）。

A.30天　　　　　　　　　　　　　B.90天

C.360天　　　　　　　　　　　　 D.180天

2.下列各项中，符合增值税纳税义务发生时间规定的是（　　）。

A.将货物分配给股东，为货物移送的当天

B.采用预收货款结算方式的，为收到货款的当天

C.采取委托银行收款方式的，为发出货物的当天

D.将货物作为投资的，为货物使用的当天

3.根据《增值税暂行条例》的有关规定，下列情形中，可以开具增值税专用发票的是（　　）。

A.向消费者销售应税项目

B.销售免税货物

C.销售报关出口的货物

D.将货物销售给下游企业

4.增值税一般纳税人发生的下列业务中，应当开具增值税专用发票的是（　　）。

A.向一般纳税人销售货物或服务、无形资产或不动产的

B.向消费者个人销售货物或服务、无形资产或不动产的

C.销售货物或服务、无形资产或不动产适用免税规定的

D.在资产重组过程中，涉及不动产、土地使用权转让行为的

5.下列关于增值税纳税地点的表述中，不正确的是（　　）。

A.固定业户应当向机构所在地主管税务机关申报纳税

B.固定业户到外县（市）销售货物或者提供应税劳务的，应当向机构所在地主管税务机关申请开具外出经营活动税收管理证明，向其机构所在地主管税务机关申报纳税

C.非固定业户销售货物或者提供应税劳务，应当向机构所在地主管税务机关申报纳税

D.进口货物，应当由进口人或其代理人向报关地海关申报纳税

二、多项选择题（在每小题列出的四个选项中，有两项或两项以上符合题目要求，请将符合题目要求的选项选出）

1.下列关于纳税人进口货物的纳税义务发生时间的说法错误的是（   ）。

A.自海关填发海关进口增值税专用缴款书之日起10日内

B.自海关填发海关进口增值税专用缴款书次日起15日内

C.自海关填发海关进口增值税专用缴款书次日起10日内

D.自海关填发海关进口增值税专用缴款书之日起15日内

2.下列关于增值税纳税义务发生时间的说法正确的是（   ）。

A.采用托收承付和委托银行收款方式销售货物，为办妥托收手续的当天

B.采用赊销和分期收款方式销售货物，为合同约定的收款日期的当天

C.采用预收货款方式销售货物，为货物发出的当天

D.委托其他纳税人代销货物，为收到代销清单或者收到全部或者部分货款的当天

3.增值税一般纳税人取得的下列发票或凭证中，不得抵扣进项税额的是（   ）。

A.外购用于免征增值税项目的增值税专用发票

B.外购原材料发生非正常损失的增值税专用发票

C.接受旅客运输取得的车票

D.进口汽车取得的海关专用缴款书

4.增值税一般纳税人临时到外省市销售应税货物，下列陈述正确的是（   ）。

A.自带发票，在经营地开具

B.有外出经营活动税收管理证明，向其机构所在地主管税务机关申报纳税

C.未持有外出经营活动税收管理证明，应当向销售地主管税务机关申报纳税

D.未持有外出经营活动税收管理证明，也未向销售地主管税务机关申报纳税的，由销售地主管税务机关补征税款

5.下列关于增值税纳税地点的表述中，错误的是（   ）。

A.固定业户临时到外省市销售应税货物未持有外出经营活动税收管理证明，也未向销售地主管税务机关申报纳税的，由销售地主管税务机关补征税款

B.非固定业户应当向销售地或劳务发生地的主管税务机关申报纳税

C.进口货物的纳税人应当向进口地海关申报纳税

D.扣缴义务人应当向其机构所在地或者居住地主管税务机关申报缴纳其扣缴的税款

三、判断题（判断正误，正确的打"√"，错误的打"×"）

1.一企业采取赊销方式销售货物，合同约定的收款日期是5月30日，但对方7月6日才付款，所以该企业可在实际收款之日计算销项税额。（   ）

2.增值税小规模纳税人购进货物取得增值税专用发票可抵扣进项税额，取得普通发票不允许抵扣进项税额。（   ）

3.纳税人销售货物或提供应税服务，先开具发票的，纳税义务发生时间为开具发票的当天。（   ）

4.扣缴义务人应当向纳税人机构所在地或者居住地主管税务机关申报缴纳其扣缴的

税款。　　　　　　　　　　　　　　　　　　　　　　　　　　　　　　（　　）

5.增值税的纳税期限分别为1日、3日、5日、10日、15日、1个月或者1个季度，纳税人以1个月或者1个季度为1个纳税期的，自纳税期满之日起15日内申报纳税。　　　　　　　　　　　　　　　　　　　　　　　　　　　　（　　）

四、实训题

【实训题一】

（一）实训目的

通过实训熟练掌握一般纳税人的增值税纳税申报表的填报。

（二）实训资料

香鲜肉制品厂为增值税一般纳税人，假设该企业仅从事各种火腿的生产销售业务，火腿适用税率17%，2017年9月发生如下业务：

（1）期初留抵税额

业务一：8月30日，"一般货物或劳务和应税服务"列第20栏"期末留抵税额"为10万元。

（2）一般计税方法的销售情况

业务二：9月10日，销售A型火腿一批，开具增值税专用发票，销售额100万元，销项税额17万元。销售B型火腿一批，开具增值税专用发票，销售额40万元，销项税额0.68万元。

（3）进项税额的情况

业务三：9月15日，购进味精一批，取得增值税专用发票，金额10万元，税额1.7万元。

业务四：9月15日，接受北京市某广告公司提供的广告服务，取得纳税人自开的增值税专用发票一张，"合计金额"栏为5 000元，"税率"栏为6%，"税额"栏为300元。

业务五：9月15日，接受上海市某货物运输企业提供的交通运输服务，取得纳税人自开的增值税专用发票一张，"合计金额"栏为8 000元，"税率"栏为11%，"税额"栏为880元。

业务六：9月15日，购进固定资产一台，取得增值税专用发票，金额2万元，税额3 400元。

（4）进项税额转出

业务七：9月16日，由于退货，作为购货方到税务机关办理了《开具红字增值税专用发票通知单》一张，税额为0.51万元。

（三）实训要求

根据实训资料填制《增值税纳税申报表》及附表。

增 值 税 纳 税 申 报 表

（适用于增值税一般纳税人）

根据国家税收法律法规及增值税相关规定制定本表。纳税人不论有无销售额，均应按税务机关核定的纳税期限填写本表，并向当地税务机关申报。

税款所属时间：自 年 月 日至 年 月 日　填表日期： 年 月 日　　金额单位：元至角分

纳税人识别号											所属行业：		

纳税人名称	（公章）	法定代表人姓名			注册地址		营业地址	
开户银行及账号		企业登记注册类型				电话号码		

项　目		栏　次	一般货物及劳务和应税服务		即征即退货物及劳务和应税服务	
			本月数	本年累计	本月数	本年累计
销售额	（一）按适用税率征税销售额	1		（略）		
	其中：应税货物销售额	2		—	—	—
	应税劳务销售额	3	—	—	—	—
	纳税检查调整的销售额	4				
	（二）按简易征收办法征税销售额	5				
	其中：纳税检查调整的销售额	6		—		—
	（三）免、抵、退办法出口销售额	7				
	（四）免税销售额	8				
	其中：免税货物销售额	9		—	—	—
	免税劳务销售额	10	—	—	—	—
税款计算	销项税额	11				
	进项税额	12				
	上期留抵税额	13				—
	进项税额转出	14				
	免、抵、退应退税额	15			—	—
	按适用税率计算的纳税检查应补缴税额	16				
	应抵扣税额合计	17=12+13-14-15+16		—		
	实际抵扣税额	18（如17<11，则为17，否则为11）				—
	应纳税额	19=11-18				
	期末留抵税额	20=17-18				

续表

项目		栏次	一般货物及劳务和应税服务		即征即退货物及劳务和应税服务	
			本月数	本年累计	本月数	本年累计
税款计算	按简易征收办法计算的应纳税额	21				
	按简易征收办法计算的纳税检查应补缴税额	22	—	—	—	—
	应纳税额减征额	23				
	应纳税额合计	24=19+21-23				
税款缴纳	期初未缴税额（多缴为负数）	25	—	—	—	—
	实收出口开具专用缴款书退税额	26	—	—	—	—
	本期已缴税额	27=28 + 29 + 30+31	—	—	—	—
	①分次预缴税额	28	—	—	—	—
	②出口开具专用缴款书预缴税额	29	—	—	—	—
	③本期缴纳上期应纳税额	30	—	—	—	—
	④本期缴纳欠缴税额	31	—	—	—	—
	期末未缴税额（多缴为负数）	32=24 + 25 + 26-27			—	—
	其中：欠缴税额（≥0）	33=25+26-27	—	—	—	—
	本期应补（退）税额	34=24-28-29			—	——
	即征即退实际退税额	35	—	—		
	期初未缴查补税额	36	—	—	—	—
	本期入库查补税额	37	—	—	—	—
	期末未缴查补税额	38=16 + 22 + 36-37			—	—

授权声明	如果你已委托代理人申报，请填写下列资料： 为代理一切税务事宜，现授权＿＿＿＿（地址）＿＿＿＿为本纳税人的代理申报人，任何与本申报表有关的往来文件，都可寄予此人。 授权人签字：	申报人声明	此纳税申报表是根据《中华人民共和国增值税暂行条例》的规定填报的，我相信它是真实的、可靠的、完整的。 声明人签字：

以下由税务机关填写：

收到日期：　　　　　　　接收人：　　　　　　　主管税务机关盖章：

增值税纳税申报表附列资料（一）

（本期销售情况明细）

纳税人名称：（公章）　　税款所属时间：　年　月　日 至　年　月　日　　金额单位：元至角分

项目及栏次		开具增值税专用发票		开具其他发票		未开具发票		纳税检查调整		合　计		价税合计	服务、不动产和无形资产扣除项目本期实际扣除金额	扣除后	
		销售额	销项(应纳)税额	销售额	销项(应纳)税额	销售额	销项(应纳)税额	销售额	销项(应纳)税额	销售额	销项(应纳)税额	价税合计		含税(免税)销售额	销项(应纳)税额
		1	2	3	4	5	6	7	8	9=1+3+5+7	10=2+4+6+8	11=9+10	12	13=11-12	14=13÷(100%+税率)×税率 或征收率
一般计税方法计税 全部征税项目	17%税率的货物及加工修理修配劳务	1													—
	17%税率的服务、不动产和无形资产	2													—
	13%税率	3												—	—
	11%税率的货物及加工修理修配劳务	4a													—
	11%税率的服务、不动产和无形资产	4b													—
	6%税率	5													—
其中：即征即退项目	即征即退货物及加工修理修配劳务	6	—		—		—		—				—		—
	即征即退服务、不动产和无形资产	7	—		—		—		—				—	—	—
二简易计税方法计税 全部征税项目	6%征收率	8													—
	5%征收率的货物及加工修理修配劳务	9a													—
	5%征收率的服务、不动产和无形资产	9b												—	—
	4%征收率	10													—

续表

项目及栏次		开具增值税专用发票		开具其他发票		未开具发票		纳税检查调整		合　计			服务、不动产和无形资产扣除项目本期实际扣除金额	扣除后	
		销售额	销项(应纳)税额	销售额	销项(应纳)税额	销售额	销项(应纳)税额	销售额	销项(应纳)税额	销售额	销项(应纳)税额	价税合计		含税(免税)销售额	销项(应纳)税额
		1	2	3	4	5	6	7	8	$9=1+3+5+7$	$10=2+4+6+8$	$11=9+10$	12	$13=11-12$	$14=13\div(100\%+税率)\times税率$ 或征收率
二、简易计税方法计税　全部征税项目	3%征收率的货物及加工修理修配劳务　11							—	—						—
	3%征收率的服务、不动产和无形资产　12							—	—						—
	预征率 %　13a														
	预征率 %　13b														
	预征率 %　13c														
其中：即征即退项目	即征即退货物及加工修理修配劳务　14														—
	即征即退服务、不动产和无形资产　15														—
三、免抵退税	货物及加工修理修配劳务　16	—	—		—		—		—		—				
	服务、不动产和无形资产　17	—	—	—	—	—	—	—	—	—	—				—
四、免税	货物及加工修理修配劳务　18	—	—		—		—		—		—				
	服务、不动产和无形资产　19	—	—	—	—	—	—	—	—	—	—				—

增值税纳税申报表附列资料（二）

（本期进项税额明细）

税款所属时间： 年 月 日至 年 月 日

纳税人名称：（公章） 金额单位：元至角分

一、申报抵扣的进项税额				
项　目	栏　次	份数	金额	税　额
（一）认证相符的增值税专用发票	1=2+3			
其中：本期认证相符且本期申报抵扣	2			
前期认证相符且本期申报抵扣	3			
（二）其他扣税凭证	4=5+6+7+8a+8b			
其中：海关进口增值税专用缴款书	5			
农产品收购发票或者销售发票	6			
代扣代缴税收缴款凭证	7		—	
加计扣除农产品进项税额	8a		—	—
其他	8b			
（三）本期用于购建不动产的扣税凭证	9			
（四）本期不动产允许抵扣进项税额	10		—	—
（五）外贸企业进项税额抵扣证明	11		—	—
当期申报抵扣进项税额合计	12=1+4−9+10+11			

二、进项税额转出额		
项　目	栏　次	税　额
本期进项税额转出额	13=14至23之和	
其中：免税项目用	14	
集体福利、个人消费	15	
非正常损失	16	
简易计税方法征税项目用	17	
免抵退税办法不得抵扣的进项税额	18	
纳税检查调减进项税额	19	
红字专用发票信息表注明的进项税额	20	
上期留抵税额抵减欠税	21	
上期留抵税额退税	22	
其他应作进项税额转出的情形	23	

三、待抵扣进项税额				
项 目	栏 次	份数	金额	税 额
(一)认证相符的增值税专用发票	24	—	—	—
期初已认证相符但未申报抵扣	25			
本期认证相符且本期未申报抵扣	26			
期末已认证相符但未申报抵扣	27			
其中:按照税法规定不允许抵扣	28			
(二)其他扣税凭证	29=30至33之和			
其中:海关进口增值税专用缴款书	30			
农产品收购发票或者销售发票	31			
代扣代缴税收缴款凭证	32		—	
其他	33			
	34			

四、其他				
项 目	栏 次	份数	金额	税额
本期认证相符的增值税专用发票	35			
代扣代缴税额	36	—	—	

固定资产进项税额抵扣情况表

纳税人识别号: 　　　　　　　纳税人名称(公章):

填表日期: 　年　月　日　　　　　　　　　　　金额单位:元至角分

项 目	当期申报抵扣的固定资产进项税额	当期申报抵扣的固定资产进项税额累计
增值税专用发票		
海关进口增值税专用缴款书		
合 计		

本期抵扣进项税额结构明细表

税款所属时间：　　年　月　日至　　年　月　日

纳税人名称：（公章）　　　　　　　　　　　　　　　　　　　金额单位：元至角分

项　目	栏　次	金额	税额
合计	1=2+4+5+11+16+18+27+29+30		
一、按税率或征收率归集（不包括购建不动产、通行费）的进项			
17%税率的进项	2		
其中：有形动产租赁的进项	3		
13%税率的进项	4		
11%税率的进项	5		
其中：运输服务的进项	6		
电信服务的进项	7		
建筑安装服务的进项	8		
不动产租赁服务的进项	9		
受让土地使用权的进项	10		
6%税率的进项	11		
其中：电信服务的进项	12		
金融保险服务的进项	13		
生活服务的进项	14		
取得无形资产的进项	15		
5%征收率的进项	16		
其中：不动产租赁服务的进项	17		
3%征收率的进项	18		
其中：货物及加工、修理修配劳务的进项	19		
运输服务的进项	20		
电信服务的进项	21		
建筑安装服务的进项	22		
金融保险服务的进项	23		
有形动产租赁服务的进项	24		
生活服务的进项	25		
取得无形资产的进项	26		
减按1.5%征收率的进项	27		
	28		
二、按抵扣项目归集的进项			
用于购建不动产并一次性抵扣的进项	29		
通行费的进项	30		
	31		
	32		

【实训题二】

（一）实训目的

通过实训熟练掌握小规模纳税人的增值税纳税申报表的填报。

（二）实训资料

华鑫运输公司为增值税小规模纳税人，2017 年第三季度为本市某单位提供交通运输服务，自开了增值税普通发票，金额 61 800 元。

（三）实训要求

根据实训资料填制《增值税纳税申报表》。

增值税纳税申报表

（小规模纳税人适用）

纳税人识别号：□□□□□□□□□□□□□□□□□□

纳税人名称（公章）：　　　　　　　　　　　　　　　　　　　金额单位：元至角分

税款所属期：　年　月　日至　年　月　日　　　　　　　　　　填表日期：　年　月　日

项　目	栏　次	本期数		本年累计	
		货物及劳务	服务、不动产和无形资产	货物及劳务	服务、不动产和无形资产
一、计税依据	（一）应征增值税不含税销售额（3%征收率）	1				
	税务机关代开的增值税专用发票不含税销售额	2				
	税控器具开具的普通发票不含税销售额	3				
	（二）应征增值税不含税销售额（5%征收率）	4	—		—	
	税务机关代开的增值税专用发票不含税销售额	5	—		—	
	税控器具开具的普通发票不含税销售额	6	—		—	
	（三）销售使用过的固定资产不含税销售额	7（7≥8）		—		—
	其中：税控器具开具的普通发票不含税销售额	8		—		—
	（四）免税销售额	9=10+11+12				
	其中：小微企业免税销售额	10				

续表

项目	栏次	本期数		本年累计	
		货物及劳务	服务、不动产和无形资产	货物及劳务	服务、不动产和无形资产
一、计税依据 未达起征点销售额	11				
其他免税销售额	12				
（五）出口免税销售额	13（13≥14）				
其中：税控器具开具的普通发票销售额	14				
二、税款计算 本期应纳税额	15				
本期应纳税额减征额	16				
本期免税额	17				
其中：小微企业免税额	18				
未达起征点免税额	19				
应纳税额合计	20=15−16				
本期预缴税额	21			—	—
本期应补（退）税额	22=20−21			—	—

纳税人或代理人声明：	如纳税人填报，由纳税人填写以下各栏：
本纳税申报表是根据国家税收法律法规及相关规定填报的，我确定它是真实的、可靠的、完整的。	办税人员：　　　　　财务负责人： 法定代表人：　　　　联系电话： 如委托代理人填报，由代理人填写以下各栏： 代理人名称（公章）：　　　经办人： 联系电话：

主管税务机关：　　　　　接收人：　　　　　接收日期：

五、教学视频

增值税小规模纳税人申报视频演示

项目综合练习

一、单项选择题（在每小题列出的四个选项中，只有一项符合题目要求，请将符合题目要求的选项选出）

1. 按照《增值税暂行条例》规定，下列不属于增值税征税范围的是（　　）。

A.销售飞机　　　　B.销售电力　　　　C.销售自来水　　　　D.资产重组

2. 下列业务中，按规定应按照17%税率征收增值税的是（　　）。

A.装修业务　　　B.加工修理业务　　　C.建筑业务　　　　D.修缮业务

3. 下列各项中，按规定应按照6%税率征收增值税的是（　　）。

A.提供不动产租赁服务　　　　　　B.销售农产品

C.提供物流服务　　　　　　　　　D.销售厂房

4. 自2017年7月1日起，简并增值税税率结构设为两档低税率，即（　　）。

A.11%和3%　　　B.11%和6%　　　C.6%和3%　　　　D.3%和0

5. 下列行为中必须视同销售货物，应征收增值税的是（　　）。

A.某商店为厂家代销电视机　　　　B.某公司将外购茶叶用于交际应酬

C.某企业将外购花生油用于企业食堂　　D.某企业将外购风扇用于职工福利

6. 某食品厂（一般纳税人）2017年4月将自制的烧鸡作为福利发给本厂职工，该批产品成本共计10万元，成本利润率为10%，无同类产品销售价格，则该厂当月增值税销项税额的计税价格为（　　）。

A.0.1万元　　　B.1.87万元　　　C.11万元　　　　D.1.1万元

7. 某商场（一般纳税人）上月从农民手中购进的一批农产品本月发生被盗，该批农产品成本价4 000元，则本月应调减进项税额（　　）。

A.520元　　　B.440元　　　C.452元　　　　D.400元

8. 下列各项中，符合增值税纳税义务发生时间规定的是（　　）。

A.将货物作为投资的，为货物使用的当天

B.采用预收货款结算方式的，为收到货款的当天

C.采取委托银行收款方式的，为发出货物的当天

D.将货物分配给股东，为货物移送的当天

9. 根据《增值税暂行条例》的有关规定，下列情形中，可以开具增值税专用发票的是（　　）。

A.向消费者个人销售应税项目　　　　B.提供免税服务

C.货物出口　　　　　　　　　　　　D.一般纳税人之间货物交易

10. 某儿童服装专卖店是增值税小规模纳税人，2017年12月份取得销售收入（含增值税）60 000元，收取包装费1 800元，购进原材料支付价款（含增值税）36 400元。该企业应缴纳的增值税税额为（　　）。

A.1 800元　　　B.1 695元　　　C.687元　　　　D.654元

二、多项选择题（在每小题列出的四个选项中，有两项或两项以上符合题目要求，请将符合题目要求的选项选出）

1.现行政策规定，下列纳税人应视同小规模纳税人征税的是（   ）。

A.年应税销售额达到55万元的某工厂

B.年应税销售额达到75万元的某商场

C.年应税销售额达到85万元的个人张某

D.年应税服务额达到550万元的某运输公司

2.下列关于增值税的说法中，正确的是（   ）。

A.增值税是价外税

B.纳税人提供交通运输服务，增值税税率为11%

C.增值税的纳税人按其经营范围大小，分为普通纳税人和特殊纳税人

D.增值税是以商品或者服务在流转过程中产生的收入额作为计税依据而征收的一种流转税

3.根据增值税法律制度规定，下列各项中，属于增值税征收范围的是（   ）。

A.进口货物　　　　B.出口货物　　　　C.修理汽车　　　　D.资产重组

4.根据增值税有关规定，下列产品中，适用11%的税率的是（   ）。

A.农用拖拉机　　　B.煤气　　　　　　C.化肥　　　　　　D.书刊

5.下列项目中，属于增值税征税范围的有（   ）。

A.广告设计　　　　B.会议展览　　　　C.鉴证咨询　　　　D.公益服务

6.根据增值税法律制度规定，视同销售行为应当征收增值税的事项是（   ）。

A.将购买的货物用于分配股东　　　　　B.将购买的货物委托外单位加工

C.将购买的货物无偿赠送他人　　　　　D.将购买的货物用于集体福利

7.下列业务中，不得抵扣进项税额的是（   ）。

A.购进材料用于免征增值税项目　　　　B.购进材料发生非正常损失

C.购进材料用于集体福利　　　　　　　D.购进材料用于个人消费

8.下列关于增值税销售额的确定的说法不正确的有（   ）。

A.纳税人采取折扣方式销售货物或服务、无形资产或不动产的，如果将折扣额另开发票的，可从销售额中扣除折扣额

B.采取销售折扣方式销售的，不得从销售额中扣减销售折扣，即应按货价全额计税

C.采取以旧换新方式销售货物的，应按新货物的同期销售价格减去旧货物的收购价格来确定销售额

D.对金银首饰以旧换新业务，按销售方实际收取的不含增值税的全部价款计缴增值税

9.根据增值税法律规定，下列属于增值税扣税凭证的是（   ）。

A.农产品收购发票　　　　　　　　　　B.增值税专用发票

C.运输普通发票　　　　　　　　　　　D.海关的增值税专用缴款书

10.下列关于增值税纳税地点的表述中错误的是（   ）。

A.固定业户临时到外省市销售应税货物未持有外出经营活动税收管理证明，也未

　　向销售地主管税务机关申报纳税的，由销售地主管税务机关补征税款

B.非固定业户应当向销售地或劳务发生地的主管税务机关申报纳税

C.进口货物的纳税人应当向进口地海关申报纳税

D.扣缴义务人应当向其机构所在地或者居住地主管税务机关申报缴纳其扣缴的税款

三、判断题（判断正误，正确的打"√"，错误的打"×"）

1.我国现行增值税的征收范围只涉及货物及加工修理修配劳务，不涉及服务。
（　　）

2.所有货物和部分服务收入均应缴纳增值税。（　　）

3.我国增值税税率包括17%、11%、6%及适用于出口货物或服务的零税率。
（　　）

4."营改增"的范围已覆盖服务业。（　　）

5.小规模纳税人销售货物，按3%的征收率计算应纳税额，取得增值税专用发票可以抵扣进项税额。（　　）

6.纳税人兼有不同税率或者征收率的销售货物、提供加工修理修配劳务或者应税服务的，应当分别核算适用不同税率或征收率的销售额，未分别核算销售额的，从高适用税率或征收率。（　　）

7.已抵扣进项税额的上月购进货物，如果因管理不善而造成霉烂变质损失，应将损失货物的进项税额从当期发生的进项税额中扣减。（　　）

8.采取以旧换新方式销售货物的，应按新货物的同期销售价格确定销售额，不得冲减旧货物的收购价格。（　　）

9.增值税纳税人销售货物发生商业折扣和现金折扣的行为，均可按折扣后的价款计算增值税。（　　）

10.增值税的纳税期限分别为1日、3日、5日、10日、15日、1个月或者1个季度，纳税人以1个月或者1个季度为1个纳税期的，自纳税期满之日起15日内申报纳税。
（　　）

四、计算题（要求列出计算步骤，每步骤运算得数精确到小数点后两位）

1.临海市青青食品厂（一般纳税人）2017年7月发生下列业务：

（1）购进生产用原材料一批，取得专用发票，注明价款12 000元、税款2 040元；支付运输费用，取得增值税专用发票，注明价款1 000元、税款110元。

（2）购进大型货车一辆，取得专用发票，注明价款500 000元、税款85 000元。

（3）支付水费，取得专用发票，注明价款1 181.8元、税款130元；支付电费，取得专用发票，注明价款2 500元、税款425元。

（4）向各大特约经销商批发销售膨化食品，取得不含税销售额600 000元，向华丰食品市场销售饼干，取得含税销售额46 800元。

　　要求：计算该食品厂应纳增值税额。

2.某商场（一般纳税人）2017年8月发生下列业务：

（1）购进鞋帽类商品一批，增值税专用发票上注明价款40 000元、税款6 800元。

（2）从果农手中购进鲜果一批，开具的农产品收购凭证上注明价款15 363.64元。

（3）购进专用保鲜设备一台，取得的专用发票上注明价款150 000元、税款25 500元。

（4）批发销售一批商品，取得不含税销售额360 000元；直接销售给消费者一批空调，取得含税销售额35 100元。

要求：计算该商场应纳增值税额。

3.家家旺超市为小规模纳税人，2017年10月份实现零售额61 800元。要求：计算该超市应纳增值税额。

五、案例分析题

1.某食品厂为增值税一般纳税人，2017年7月的购销情况如下：

（1）填开增值税专用发票销售应税货物，不含税销售额850 000元；

（2）填开普通发票销售应税货物，销售收入为42 120元；

（3）购进生产用原料的免税农业产品，农产品收购发票注明买价580 000元；

（4）购进辅助材料128 000元，增值税专用发票注明税额21 760元；

（5）支付广告费，并取得广告公司开具的增值税专用发票，注明广告费1 000元；

（6）该厂用价值20 000元（不含增值税）的食品等价换进某面粉厂一批面粉，双方均开具了增值税专用发票。

要求：根据上述资料，回答下列问题。

（1）该食品厂2017年7月增值税的销项税额是（　　　）。

A.144 500元　　　　B.6 120元　　　　C.154 020元　　　　D.150 620元

（2）该食品厂2017年7月增值税的进项税额是（　　　）。

A.75 400元　　　　B.99 820元　　　　C.3 060元　　　　D.21 760元

（3）该食品厂2017年7月应纳增值税额是（　　　）。

A.54 200元　　　　B.3 060元　　　　C.155 550元　　　　D.91 550元

（4）按照外购固定资产处理方式的不同，可将增值税划分为（　　　）。

A.生产型增值税　　　B.收入型增值税　　　C.服务型增值税　　　D.消费型增值税

（5）增值税的纳税期限为（　　　）。

A.1日　　　　B.1个月　　　　C.1个季度　　　　D.1年

2.2017年10月，市财税部门在对M家具公司进行例行检查中，发现M家具公司9月发生以下事项：

（1）9月5日，会计王某休产假，公司一时找不到合适人选，决定由出纳李某兼任王某的收入、费用账目的登记工作。

（2）9月8日，处理生产家具剩余的边角余料，取得收入（含增值税）1 170元。公司授意出纳李某将该笔收入在公司会计账册之外另行登记保管。

（3）9月11日，对上月发生的销售退回业务，扣减当月销项税额1 700元。据查，该销售退回的家具系8月1日销售的，当时向购买方开具的增值税专用发票上注明的税额为1 700元；8月5日，因该批家具出现质量问题，对方全部退货；8月15日，收到购买方退还的增值税专用发票。

（4）9月20日，将生产的家具作为职工福利发给部分表现优秀的职工，市场售价共计58 500元。

（5）9月22日，盘亏外购木材一批，价款（不含增值税）1 500元，负担的增值税进项税额为195元，该进项税额已在7月计算应缴纳增值税时从销项税额中抵扣。

已知：M家具公司为增值税一般纳税人，适用增值税税率为17%。

要求：根据上述资料，结合学过的会计知识回答下列问题。

（1）关于9月5日的事项，M家具公司（　　）。

A.让出纳李某兼任王某的收入、费用账目登记工作符合我国会计法的规定

B.王某休产假必须办理移交手续

C.可以在王某休产假期间找代理记账公司进行代理记账

D.可以在王某休产假期间暂不进行会计处理，待王某上班后再补记账

（2）关于9月8日的事项，对于剩余边角余料收入的处理中，正确的是（　　）。

A.公司授意出纳李某将生产家具剩余的边角余料收入在公司会计账册之外另行登记保管属于账外设账的行为

B.公司授意出纳李某将生产家具剩余的边角余料收入在公司会计账册之外另行登记保管属于管理会计的行为

C.公司出售生产家具剩余的边角余料计税收入是1 170元

D.公司出售生产家具剩余的边角余料的增值税销项税额是170元

（3）关于9月11日的事项，增值税处理错误的是（　　）。

A.在9月扣减销项税额1 700元是正确的

B.由于8月发生退货业务，应当在8月扣减销项税额

C.收到购买方退还的增值税专用发票应当进行作废处理

D.应当在8月退货时就开具负数发票，冲减8月销项税额

（4）关于9月20日的事项，表述正确的是（　　）。

A.只需要进行账务处理，不需要进行增值税核算

B.属于视同销售行为

C.应当出具增值税专用发票给受奖励的职工

D.应当计算增值税销项税额，税额为8 500元

（5）关于9月22日的事项，对增值税的处理错误的是（　　）。

A.进项税额已在7月销项税额中抵扣的做法是符合我国税法规定的

B.盘亏外购木材属于视同销售行为

C.盘亏外购木材属于进项税额不予抵扣的行为

D.该行为涉及的增值税额为195元

3.某生产企业为增值税一般纳税人，2017年7月的有关生产经营业务如下：

（1）销售甲产品，开具普通发票，取得含税销售收入29.25万元。

（2）将生产的一批乙产品用于本企业基建工程，该批产品市场不含税销售价为22万元。

（3）将生产的一批丙产品用于本企业职工福利，该批产品市场不含税销售价为5

万元。

（4）将上月购进的一批A材料用于生产甲产品，该批材料不含税购买价为10万元。

（5）购进B材料，取得增值税专用发票上注明支付的货款为60万元。

（6）向农业生产者购进免税农产品一批，取得的收购凭证上注明价款为35.46万元，本月下旬将购进农产品的20%用于本企业职工福利。

要求：根据上述材料，回答下列问题。

（1）该企业7月开展的业务中，需要缴纳增值税的是（　　　）。

A.销售甲产品　　　　　　　　　　　B.将乙产品用于基建工程

C.将丙产品用于本企业职工福利　　　D.将购进的A材料用于生产甲产品

（2）该企业7月的增值税销项税额为（　　　）。

A.4.25万元　　　　B.7.99万元　　　　C.8.84万元　　　　D.10.54万元

（3）该企业购进B材料可抵扣的进项税额为（　　　）。

A.10.62万元　　　　B.10.2万元　　　　C.11.22万元　　　　D.10.98万元

（4）该企业购进免税农产品可抵扣的进项税额为（　　　）。

A.4.25万元　　　　B.3.12万元　　　　C.3.9万元　　　　D.3.68万元

（5）该企业7月可结转下月继续抵扣的增值税进项税额为（　　　）。

A.0　　　　B.6.03万元　　　　C.4.48万元　　　　D.9.77万元

4.某日化用品生产企业为增值税一般纳税人，2017年8月该企业发生以下经济业务：

（1）外购原材料一批，从供货方取得的增值税专用发票上注明支付的货款为1 800 000元，增值税税额为306 000元，款项已付并验收入库，支付相关运费100 000元，已收到运输单位开具的增值税专用发票。

（2）外购机器设备一套，从供货方取得增值税专用发票，注明支付的货款500 000元、增值税税额85 000元，款项已付并验收入库。

（3）购进一批办公用品，取得普通发票，注明金额2 340元，办公用品已经投入使用。

（4）购进一批红酒用于给职工发放福利，取得增值税专用发票，注明支付的货款6 000元、增值税税额1 020元。

（5）月初将部分订单委托其他企业加工，发出原材料价值8 000元，委托加工合同规定加工费5 000元（不含税），加工企业代垫辅助材料1 000元，月底尚未收到加工的化妆品和加工企业开具的发票。

（6）对外销售高档化妆品一批，取得销售收入5 861 700元（含税）。

（7）将闲置的一座闲置仓库出租，租金收入10 500元（不含税）。

（说明：化妆品的消费税税率为15%）

要求：根据上述材料，回答下列问题。

（1）下列关于该企业可抵扣进项税额的说法中，正确的是（　　　）。

A.外购原材料及支付相关费用，可抵扣的进项税额为317 000元

B.外购红酒可抵扣的进项税额为1 020元

C.外购办公用品可抵扣的进项税额为 340 元

D.外购机器设备可抵扣的进项税额为 85 000 元

（2）该企业本月发生的委托加工业务可抵扣的进项税额为（　　　）。

A.0　　　　　　　　B.850 元　　　　　　C.1 020 元　　　　　　D.2 380 元

（3）该企业对外销售高档化妆品的销项税额为（　　　）。

A.850 000 元　　　　B.996 500 元　　　　C.851 700 元　　　　D.994 500 元

（4）该企业出租闲置仓库，应缴纳增值税（　　　）。

A.500 元　　　　　　B.525 元　　　　　　C.315 元　　　　　　D.300 元

（5）该企业本月应缴纳消费税（　　　）。

A.751 500 元　　　　B.879 300 元　　　　C.1 503 000 元　　　　D.1 758 500 元

六、教学视频

增值税一般纳税人申报视频演示

项目三　消费税的计算与缴纳

知识框架

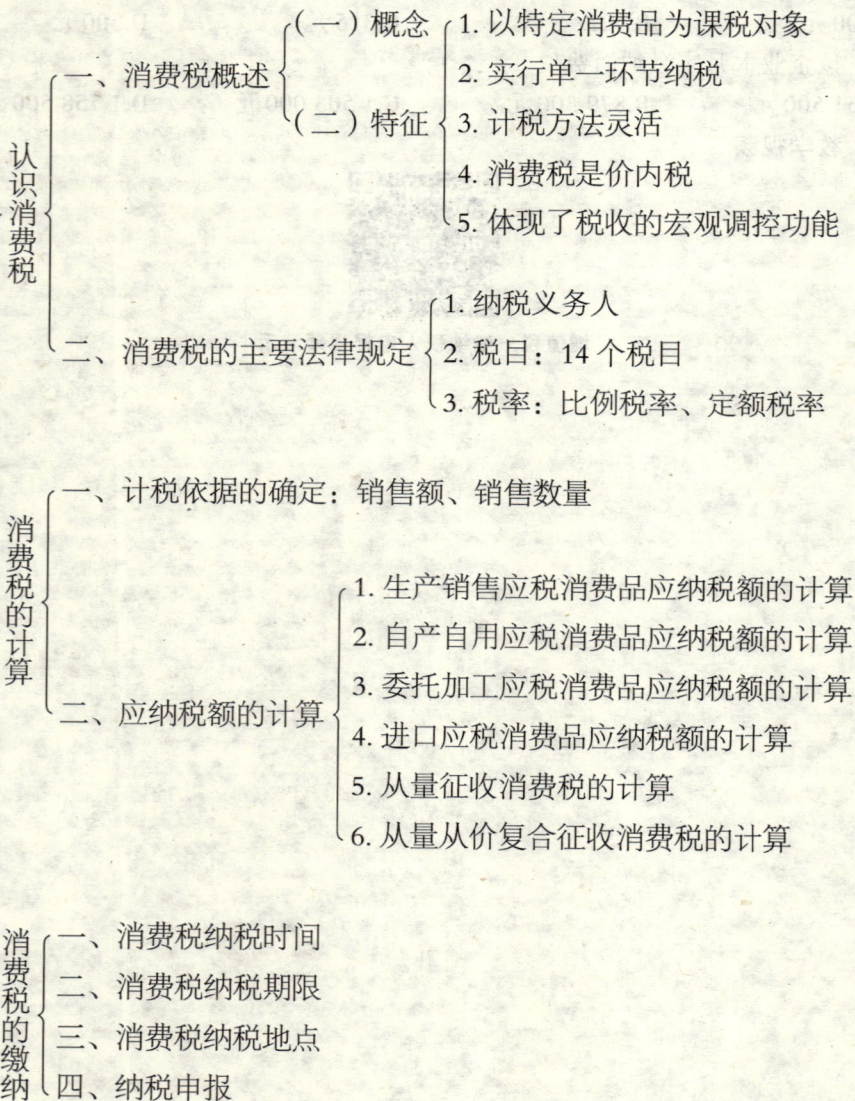

认识消费税

一、消费税概述
- （一）概念
- （二）特征

1. 以特定消费品为课税对象
2. 实行单一环节纳税
3. 计税方法灵活
4. 消费税是价内税
5. 体现了税收的宏观调控功能

二、消费税的主要法律规定
1. 纳税义务人
2. 税目：14 个税目
3. 税率：比例税率、定额税率

消费税的计算

一、计税依据的确定：销售额、销售数量

二、应纳税额的计算
1. 生产销售应税消费品应纳税额的计算
2. 自产自用应税消费品应纳税额的计算
3. 委托加工应税消费品应纳税额的计算
4. 进口应税消费品应纳税额的计算
5. 从量征收消费税的计算
6. 从量从价复合征收消费税的计算

消费税的缴纳
- 一、消费税纳税时间
- 二、消费税纳税期限
- 三、消费税纳税地点
- 四、纳税申报

任务3.1　认识消费税

重点难点

1.纳税人、税目及税率的基本规定。
2.纳税环节的基本规定。

学习指导

1.对比增值税和消费税在征税范围、纳税环节、税率形式等方面的差异，学习消费税的基本规定。
2.熟练掌握消费税税目税率表。

同步练习

一、单项选择题（在每小题列出的四个选项中，只有一项符合题目要求，请将符合题目要求的选项选出）

1.下列表述内容中，不属于消费税纳税人的是（　　）。
A.生产应税消费品的单位和个人　　　B.进口应税消费品的单位和个人
C.委托加工应税消费品的单位和个人　　D.受托加工应税消费品的单位和个人

2.下列零售业务中，应缴纳消费税的是（　　）。
A.商店零售高档化妆品　　　　　B.商店零售卷烟
C.商店零售金银首饰　　　　　　D.商店零售白酒

3.下列批发业务中，应缴纳消费税的是（　　）。
A.商贸公司批发高档化妆品　　　　B.烟草公司批发卷烟
C.商贸公司批发金银首饰　　　　　D.酒水销售公司批发白酒

4.下列行为中应征收消费税的是（　　）。
A.大众公司生产销售小汽车
B.汽车贸易公司销售小轿车（超豪华小汽车除外）
C.汽车修理厂修理小汽车
D.张先生购买小汽车

5.委托加工应税消费品业务中，应缴纳消费税的纳税人是（　　）。
A.委托方　　　　B.受托方　　　　C.购进方　　　　D.销售方

6.委托加工应税消费品业务中，应缴纳增值税的纳税人是（　　）。
A.委托方　　　　B.受托方　　　　C.购进方　　　　D.销售方

7.现行消费税共设置税目（　　　）。

A.11个　　　　　　　　B.13个　　　　　　　　C.14个　　　　　　　　D.15个

8.消费税实行的纳税环节主要是（　　　）。

A.单一环节　　　　　B.多环节　　　　　　C.双环节　　　　　　D.生产环节

9.纳税人将应税消费品与非应税消费品以及适用税率不同的应税消费品组成成套消费品销售的，应当（　　　）。

A.根据成套消费品的销售额按应税消费品中适用最高税率的消费品税率征税

B.根据成套消费品的销售额按应税消费品中适用最低税率的消费品税率征税

C.根据成套消费品的销售额按应税消费品适用平均税率征税

D.根据成套消费品的销售额按应税消费品适用边际税率征税

10.下列关于消费税的纳税人说法正确的是（　　　）。

A.甲公司是零售高档化妆品的大型超市，则甲公司是消费税的纳税人

B.乙公司是一家从事国产品牌大型汽车销售的4S店，则乙公司是消费税的纳税人

C.丙公司是一家专门承接烟丝委托加工业务的企业，则丙公司是消费税的纳税人

D.丁公司是一家从事外国高档化妆品进口和零售的企业，则丁公司是消费税的纳税人

二、多项选择题（在每小题列出的四个选项中，有两项或两项以上符合题目要求，请将符合题目要求的选项选出）

1.甲委托乙加工高档化妆品，则下列说法正确的是（　　　）。

A.甲是增值税的纳税义务人　　　　　　　B.甲是消费税的纳税义务人

C.乙是增值税的纳税义务人　　　　　　　D.乙是消费税的纳税义务人

2.根据消费税法律制度的规定，下列消费品中，实行从价定率与从量定额相结合的征税办法的是（　　　）。

A.白酒　　　　　　　B.卷烟　　　　　　C.啤酒　　　　　　D.金银首饰

3.下列应缴纳增值税并应缴纳消费税的是（　　　）。

A.商店零售高档化妆品　　　　　　　B.金店零售金银首饰

C.烟花公司批发鞭炮　　　　　　　　D.炼油厂销售汽油

4.实行从量征收的应税消费品，在计算消费税时采取的计税数量是（　　　）。

A.重量　　　　　　　B.容量　　　　　　C.质量　　　　　　D.面积

5.实行从量征收的应税消费品，包括（　　　）。

A.汽油　　　　　　　B.柴油　　　　　　C.啤酒　　　　　　D.黄酒

6.下列属于消费税纳税环节的是（　　　）。

A.生产销售环节　　　　　　　　　　B.委托加工环节

C.卷烟批发环节　　　　　　　　　　D.金银首饰零售环节

7.下列产品，应缴纳消费税的是（　　　）。

A.高档手表　　　B.高尔夫球　　　C.高级实木家具　　　D.高档化妆品

8.下列对消费税的表述中，正确的是（　　　）。

A.消费税的税目有13个

B.消费税是对在我国境内从事生产、委托加工和进口应税消费品的单位和个人征收的一种行为税

C.消费税征收方法多样性，包括从价征收、从量征收和复合征收

D.消费税是对特定的消费品和消费行为在特定的环节征收的一种流转税

9.目前，下列商品中不征收消费税的是（　　　）。

A.酒精　　　　　　B.实木地板　　　　C.木质筷子　　　　D.音像制品

10.根据《消费税暂行条例》的有关规定，下列各项中，不应征收消费税的是（　　　）。

A.建材企业销售自产的实木地板

B.外贸企业进口彩色电视机

C.日化企业将自产高档化妆品用于职工福利

D.商业企业销售摩托车

三、判断题（判断正误，正确的打"√"，错误的打"×"）

1.我国消费税的税目共有14个。　　　　　　　　　　　　　　　　　　（　　　）

2.纳税人兼营不同税率应税消费品的，一律从高适用税率。　　　　　　（　　　）

3.应交消费税的产品在出厂销售时，还要缴纳增值税。　　　　　　　　（　　　）

4.A市甲企业委托B市乙企业加工一批应税消费品，该批消费品应缴纳的消费税税款应由乙企业向B市税务机关解缴。　　　　　　　　　　　　　　　　　（　　　）

5.对从事生产、委托加工、进口和出口应税消费品的单位和个人，都应当征收消费税。　　　　　　　　　　　　　　　　　　　　　　　　　　　　　　　（　　　）

6.凡是在中国境内销售、进口和委托加工应税消费品的单位和个人，均是消费税的纳税人。　　　　　　　　　　　　　　　　　　　　　　　　　　　　　　（　　　）

7.根据现行规定，所有的应税消费品都是单环节征税。　　　　　　　　（　　　）

8.增值税和消费税暂行条例中，都有关于纳税人起征点的规定。　　　　（　　　）

9.消费税是价内税、中央税、从价税。　　　　　　　　　　　　　　　（　　　）

10.从价征收消费税的计税依据是纳税人销售应税消费品取得的不含增值税销售额。　　　　　　　　　　　　　　　　　　　　　　　　　　　　　　　　　（　　　）

任务3.2　消费税的计算

重点难点

1.不同计税办法的应纳税额的计算。

2.不同业务的应纳税额的计算。

学习指导

1.根据增值税销项税额的计算，来理解消费税的计算。增值税销项税额和从价征收消费税的计税依据都是纳税人销售应税消费品取得的不含税销售额。

2.从纳税环节角度来理解消费税扣除项目的计算。消费税强调单一环节征收。

同步练习

一、单项选择题（在每小题列出的四个选项中，只有一项符合题目要求，请将符合题目要求的选项选出）

1.实行从价定率征税的应税消费品，计算消费税的销售额（ 　　）。

A.含消费税不含增值税　　　　　　　　B.含增值税不含消费税

C.不含消费税和增值税　　　　　　　　D.含消费税和增值税

2.复合计税的应税消费品，自产自用环节应纳消费税的计算公式为（ 　　）。

A.组成计税价格=成本×（1+成本利润率）÷（1-比例税率）

B.组成计税价格=（成本+利润+自产自用数量×定额税率）÷（1-比例税率）

C.组成计税价格=（成本+利润+自产自用数量×定额税率）÷（1+比例税率）

D.组成计税价格=（成本+利润-自产自用数量×定额税率）÷（1-比例税率）

3.某啤酒厂本月生产了15 000吨生啤，当月销售了10 000吨，取得含税销售收入117万元。则啤酒厂计算其应纳消费税的计税依据为（ 　　）。

A.100万元　　　　　　B.117万元　　　　　　C.10 000吨　　　　　　D.15 000吨

4.下列关于消费税说法不正确的是（ 　　）。

A.纳税人将生产的应税消费品换取生产资料、消费资料应缴纳消费税

B.纳税人将生产的应税消费品投资入股应缴纳消费税

C.纳税人将生产的应税消费品偿还债务应缴纳消费税

D.纳税人将生产的应税消费品用于继续生产应税消费品应缴纳消费税

5.根据《消费税暂行条例》规定，纳税人将自产自用应税消费品用于连续生产非应税消费品，没有同类产品销售价格的，（ 　　）。

A.按产品成本计算缴纳消费税　　　　　　B.按同类产品销售利润计算缴纳消费税

C.按组成计税价格计算缴纳消费税　　　　D.不用缴纳消费税

6.临海区佳林木业有限责任公司，2017年9月将新试制的实木地板无偿捐赠给市体育馆，该批地板生产成本为60 000元，该批产品无同类产品售价，税法确定的成本利润率为5%，税率为5%，那么该笔业务应交消费税为（ 　　）。

A.无偿捐赠免税　　　B.3 000元　　　　　　C.3 315.79元　　　　　D.2 714.29元

7.某白酒生产企业为增值税一般纳税人，2017年8月销售白酒50吨，取得不含增值税的销售额150万元。该白酒企业8月应缴纳的消费税额为（ 　　）。（白酒适用比例税率20%、定额税率每500克0.5元）

A.30万元　　　　　　B.5万元　　　　　　C.35万元　　　　　　D.25.5万元

8.某企业本月购入已缴纳消费税的甲材料30 000元用于生产A应税消费品。甲材料适用的消费税税率为20%，本月领用20 000元用于生产A产品。A产品不含增值税的售价为42 000元，其适用的消费税税率为30%。则该企业本月应缴纳的消费税税额为（　　　　）。

A.3 600元　　　　　　B.6 600元　　　　　　C.8 600元　　　　　　D.12 600元

9.某纳税人自产一批高档化妆品用于本企业职工福利，没有同类产品价格可以比照，需按组成计税价格计算缴纳消费税，则其组成计税价格为（　　　　）。

A.（材料成本+加工费）/（1−消费税税率）

B.（成本+利润）/（1−消费税税率）

C.（材料成本+加工费）/（1+消费税税率）

D.（成本+利润）/（1+消费税税率）

10.某鞭炮企业2017年10月受托为某单位加工一批鞭炮，委托单位提供的原材料金额为30万元，收取委托单位不含增值税的加工费4万元，鞭炮企业当地无加工鞭炮的同类产品市场价格，鞭炮适用的消费税税率为15%，计算鞭炮企业应代收代缴的消费税为（　　　　）。

A.6.2万元　　　　　　B.6.5万元　　　　　　C.5.8万元　　　　　　D.6万元

二、多项选择题（在每小题列出的四个选项中，有两项或两项以上符合题目要求，请将符合题目要求的选项选出）

1.消费税有三种计税办法，即（　　　　）。

A.从量征收

B.从价征收

C.从量从价复合征收

D.定额征收

2.某电池制造厂（一般纳税人），2017年12月销售电池15万箱，实现不含税销售额4 000万元，零售电池5万箱，实现含税销售额1 755万元。电池的消费税税率为4%，应纳消费税和增值税销项税额为（　　　　）。

A.应纳消费税220万元

B.应纳消费税173万元

C.销项税额935万元

D.销项税额978万元

3.根据税法规定，下列说法正确的有（　　　　）。

A.凡是征收消费税的消费品都征收增值税

B.凡是征收增值税的货物都征收消费税

C.应税消费品征收增值税和消费税的，销售额不含增值税

D.从价定率征收消费税的消费品，其销售额与增值税的规定一致

4.下列关于委托加工应税消费品的说法正确的是（　　　　）。

A.由委托方提供原料

B.由委托方提供主要材料

C.受托方只收取加工费和代垫部分辅助材料

D.由受托方提供原材料

5.下列自产自用行为中，应缴纳消费税的是（　　　　）。

A. 生产企业将石脑油用于本企业连续生产汽油

B. 日化厂自产高档化妆品用于促销赠品

C. 汽车制造厂自产小汽车用于后勤服务

D. 木筷厂自产高档木筷用于本企业职工食堂

三、判断题（判断正误，正确的打"√"，错误的打"×"）

1. 纳税人自产自用的应税消费品，均应缴纳消费税。　　　　　　　　　（　　）

2. 纳税人自产自用的应税消费品，用于连续生产应税消费品的，不纳税；用于其他方面的，于移送使用时纳税。　　　　　　　　　　　　　　　　　　　（　　）

3. 增值税销项税额和从价征收消费税的计税依据都是纳税人销售应税消费品取得的不含税销售额。　　　　　　　　　　　　　　　　　　　　　　　　　（　　）

4. 企业受托加工应税消费品所代收代缴的消费税，在采用组成计税价格计税时，组成计税价格应当是材料成本与加工费之和。　　　　　　　　　　　　　（　　）

5. 纳税人外购已税消费品用于连续生产应税消费品，计算应纳消费税时，应按当期生产领用数量计算准予扣除外购的应税消费品已纳的消费税税款。　　　（　　）

6. 委托加工的应税消费品，委托方用于连续生产应税消费品的，所纳税款准予按规定抵扣；直接出售的，不再缴纳消费税。　　　　　　　　　　　　　（　　）

7. 纳税人采用以旧换新（含翻新改制）方式销售的金银首饰，应按实际收取的不含增值税的全部价款确定计税依据征收消费税。　　　　　　　　　　（　　）

8. 进口应税消费品，在进口环节缴纳消费税，在境内销售，不再缴纳消费税。
　　　　　　　　　　　　　　　　　　　　　　　　　　　　　　　（　　）

9. 在计算消费税时，不含增值税销售额的换算公式为：应税消费品销售额=含增值税的销售额÷（1+17% 或 3%）。　　　　　　　　　　　　　　　　　（　　）

10. 某酒厂生产白酒和药酒并将两类酒包装在一起按礼品套酒销售，尽管该厂对一并销售的两类酒分别核算了销售额，但对于这种礼品酒仍应就其全部销售额按白酒的适用税率计征消费税。　　　　　　　　　　　　　　　　　　　　　　（　　）

四、计算题（要求列出计算步骤，每步骤运算得数精确到小数点后两位）

1. 某酒厂 2017 年 10 月销售白酒 10 吨，实现销售额 250 000 元（不含税）；销售药酒 2 吨，实现销售额 46 800 元（含税）。

要求：计算该酒厂应纳消费税额。

2. 雅丽日化制造公司 2017 年 11 月发生下列业务：

（1）销售高档化妆品一批，实现不含税销售额 500 000 元。

（2）特制新型高档化妆品一批，作为福利发放给本厂职工，成本价为 50 000 元（还未投放市场，无同类产品销售价格），成本利润率为 5%。

（3）受某商场委托加工一批高档化妆品，委托方提供的加工材料成本为 60 000 元，收取加工费 10 000 元（无同类产品价格）。

要求：计算该公司应纳消费税额及应代收代缴的消费税额。

3. 宏源进出口贸易公司 2017 年 10 月 8 日进口一批电池，完税价格为 800 000 元，缴纳关税 100 000 元。本月底该批电池在国内全部销售，实现不含税销售额 1 200 000 元。

要求：

（1）计算进口环节应缴纳的增值税额和消费税额。

（2）计算国内销售业务应纳增值税额。

五、案例分析题

1.某白酒生产企业2017年9月采用预收货款结算方式销售白酒50吨，当月发出全部白酒并取得不含增值税的销售额150万元。已知白酒适用的比例税率为20%，定额税率为0.5元/500克。

要求：根据以上材料，选择下列符合题意的选项。

（1）根据消费税法律制度的规定，白酒适用的消费税计税办法为（　　　）。

A.从价计征　　　　　　B.从量计征　　　　　　C.复合计征　　　　　　D.从租计征

（2）该白酒生产企业9月应纳的消费税税额为（　　　）。

A.30万元　　　　　　　B.35万元　　　　　　　C.40万元　　　　　　　D.45万元

（3）根据消费税法律制度的规定，下列有关纳税人销售应税消费品的消费税纳税义务发生时间的说法中，正确的是（　　　）。

A.采取预收货款结算方式的，为发出应税消费品的当天

B.纳税人委托加工应税消费品的，为纳税人提货的当天

C.采取托收承付和委托银行收款方式的，为发出应税消费品并办妥托收手续的当天

D.纳税人自产自用应税消费品的，为移送使用的当天

（4）根据消费税法律制度的规定，下列属于消费税纳税人的是（　　　）。

A.酒厂生产销售白酒　　　　　　　　B.酒行批发白酒

C.超市零售白酒　　　　　　　　　　D.酒厂将自产白酒抵债

（5）根据消费税法律制度的规定，酒类消费税税率形式有（　　　）。

A.比例税率　　　　　B.定额税率　　　　　C.累进税率　　　　　D.浮动税率

2.某日用化妆品公司为增值税一般纳税人，从事高档化妆品的生产、进口以及销售经营，2017年11月发生下列经济业务：

（1）购进原材料一批，取得防伪税控系统开具的增值税专用发票，注明价款30万元，专用发票已经税务机关认证，材料已验收入库。

（2）进口高档化妆品一批，11月10日海关填发税款缴款书。

（3）本月销售自产高档化妆品一批，开具增值税专用发票，注明价款80万元，收取包装费1.17万元（开具普通发票）。

（4）将一批自产高档化妆品作为福利发放给职工，成本5万元，成本利润率为10%。

（5）将成本为6万元的一批自产高档化妆品，用于连续生产高档化妆品。

（6）受托加工一批高档化妆品，委托方提供的原材料成本为20 000元，收取加工费4 000元、代垫辅助材料款500元，增值税765元，并开具了增值税专用发票。该厂没有同类化妆品销售价格。

要求：根据以上材料，回答下列问题。

（1）下列关于进口高档化妆品的说法正确的是（　　　）。

A.应纳增值税的最后期限为11月24日

B.应纳增值税的最后期限为11月25日

C.进口时应纳增值税，国内销售时还应纳增值税

D.进口时应纳消费税，国内销售时还应纳消费税

（2）该企业应代收代缴的消费税为（　　　）。

A.4 323.53元　　　　　B.10 500元　　　　　C.4 332.53元　　　　　D.10 285元

（3）下列关于自产自用应税消费品消费税规定的说法正确的是（　　　）。

A.将自产高档化妆品作为福利发放给职工，应于移送使用时纳税

B.将自产高档化妆品作为福利发放给职工，不纳税

C.将自产高档化妆品用于连续生产高档化妆品，应于移送使用时纳税

D.将自产高档化妆品用于连续生产高档化妆品，不纳税

（4）该企业国内销售应纳的增值税税额为（　　　）。

A.98 465元　　　　　B.34 578元　　　　　C.45 328元　　　　　D.434 267元

（5）该企业国内销售应纳的消费税税额为（　　　）。

A.129 000元　　　　　B.131 200元　　　　　C.266 600元　　　　　D.243 000元

3.某汽车制造企业为增值税一般纳税人，2017年10月购进原材料，取得增值税专用发票，注明货款2 500万元、增值税税款425万元，销售汽车取得销售收入（含税）9 360万元，货款已收到；兼营餐饮业务取得收入20万元（不含税）；兼营房屋装饰业务取得收入50万元（不含税）。

（说明：该企业分别核算汽车销售额、餐饮业务和装饰业务营业额；有关票据均在本月申报抵扣；月初增值税留抵税额为0；该企业生产的汽车适用消费税税率为5%）

要求：根据以上材料，回答下列问题。

（1）该企业10月销售汽车应计算的销项税额为（　　　）。

A.935万元　　　　　B.1 360万元　　　　　C.1 166.2万元　　　　　D.651.8万元

（2）该企业10月应缴纳的消费税税额为（　　　）。

A.341.88万元　　　　　B.400万元　　　　　C.353.98万元　　　　　D.205.13万元

（3）该企业开展餐饮业务应计算的销项税额为（　　　）。

A.1.13万元　　　　　B.1.4万元　　　　　C.1.2万元　　　　　D.2.2万元

（4）该企业开展装饰业务应计算的销项税额为（　　　）。

A.5.5万元　　　　　B.8.5万元　　　　　C.6.5万元　　　　　D.1.8万元

（5）纳税人兼营餐饮业务和装饰业务，应分别核算货物或者应税劳务的销售额和非增值税应税项目的营业额；未分别核算的，（　　　）。

A.分别按不同项目的税率缴纳增值税　　　B.一并按服务业缴纳增值税

C.由主管税务机关核定各自的销售额　　　D.从高定率

任务3.3　消费税的缴纳

重点难点

1.纳税义务发生时间、纳税期限、纳税地点的基本规定。
2.纳税申报流程。

学习指导

1.结合会计知识理解纳税义务发生时间的规定。不同销售方式和结算方式下的销售收入的会计处理是不同的，注意会计处理与税务处理的差别。
2.结合实例，根据填表说明及表与表之间的勾稽关系，掌握纳税申报表的填报。

同步练习

一、单项选择题（在每小题列出的四个选项中，只有一项符合题目要求，请将符合题目要求的选项选出）

1.一般情况下，采用赊销方式销售应税消费品的，其纳税义务发生时间为（　　　）。

A.将提货单交给买方的当天　　　　　　B.合同约定的收款日期的当天

C.收到货款的当天　　　　　　　　　　D.发出货物的当天

2.纳税人自产自用的应税消费品，其纳税义务发生时间为（　　　）。

A.移送使用的当天　　　　　　　　　　B.合同约定的收款日期的当天

C.收到货款的当天　　　　　　　　　　D.发出货物的当天

3.某日用化妆品公司2017年9月进口高档化妆品一批，9月10日海关填发税款缴款书，缴纳的最后期限为（　　　）。

A.9月24日　　　　　B.9月25日　　　　　C.9月23日　　　　　D.9月10日

4.按照《消费税暂行条例》的规定，下列关于委托加工应税消费品的说法不正确的是（　　　）。

A.委托加工应税消费品，一律由受托方在向委托方交货时代收代缴税款

B.委托加工应税消费品，委托方用于连续生产应税消费品的，已纳税款准予抵扣

C.委托加工应税消费品，除受托方为个人外，由受托方在向委托方交货时代收代缴税款

D.委托加工应税消费品，委托方是消费税的纳税人，受托方是增值税的纳税人

5.纳税人销售的应税消费品，如因质量等原因由购买者退回的，经所在地主管税务机关审核批准，（　　　）。

A.可退还已征收的消费税税款，但不得自行直接抵减应纳税款

B.可退还已征收的消费税税款，也可以自行直接抵减应纳税款

C.不得退还已征收的消费税税款，但可以自行直接抵减应纳税款

D.不得退还已征收的消费税税款，也不得自行直接抵减应纳税款

二、多项选择题（在每小题列出的四个选项中，有两项或两项以上符合题目要求，请将符合题目要求的选项选出）

1.下列关于消费税纳税义务发生时间的说法正确的是（　　　）。

A.采用托收承付和委托银行收款方式销售货物，为办妥托收手续的当天

B.采用赊销和分期收款方式销售货物，为合同约定的收款日期的当天

C.采用预收货款方式销售货物，为货物发出的当天

D.纳税人委托加工的应税消费品，为纳税人提货的当天

2.某日用化妆品公司2017年12月进口高档化妆品一批，关税完税价格为20万元，关税为8万元，化妆品消费税税率为15%，12月10日海关填发税款缴款书，下列说法正确的是（　　　）。

A.应纳增值税5.6万元，缴纳的最后期限为12月24日

B.应纳消费税4.94万元，缴纳的最后期限为12月24日

C.应纳增值税5.6万元，缴纳的最后期限为12月25日

D.应纳消费税4.94万元，缴纳的最后期限为12月25日

3.关于消费税纳税地点的规定，下列说法正确的是（　　　）。

A.纳税人销售的应税消费品，以及自产自用的应税消费品，除国务院财政、税务主管部门另有规定外，应当向纳税人机构所在地或者居住地的主管税务机关申报纳税

B.纳税人销售的应税消费品，以及自产自用的应税消费品，除国家另有规定的外，应当向纳税人核算地主管税务机关申报纳税

C.委托加工的应税消费品，除受托方为个人外，由受托方向机构所在地或者居住地的主管税务机关解缴消费税税款

D.进口的应税消费品，应当向报关地海关申报纳税

4.纳税人到外县（市）销售或委托外县（市）代销自产应税消费品的，于应税消费品销售后，申报纳税的主管税务机关是（　　　）。

A.机构所在地　　　B.居住地　　　C.业务发生地　　　D.货物所在地

5.纳税人自期满之日起15日内申报纳税的，是指一个纳税期是（　　　）。

A.1个月　　　B.1个季度　　　C.半年　　　D.1年

三、判断题（判断正误，正确的打"√"，错误的打"×"）

1.委托个人加工的应税消费品，由受托方向其居住地主管税务机关申报纳税。（　　）

2.纳税人销售的应税消费品，如因质量等原因由购买者退回时，可以自行直接抵减当期应纳消费税款。（　　）

3.委托加工的应税消费品，除受托方为个人外，由受托方向机构所在地或者居住地的主管税务机关解缴消费税税款。（　　）

4.纳税人委托加工的应税消费品，其纳税义务的发生时间为纳税人发出材料的

当天。　　　　　　　　　　　　　　　　　　　　　　　　　　（　　）

5.进口的应税消费品，由进口人或其代理人向其机构所在地海关申报纳税。（　　）

四、实训题

（一）实训目的

掌握消费税应纳税额的计算及消费税的纳税申报。

（二）实训资料

临海市阳光日化公司主要生产销售高档护肤品和面膜，护肤品每瓶100ml，不含税售价为1 000元/瓶；面膜不含税售价为20元/片。2017年8月发生下列业务：

（1）8月15日，批发销售给山海县百货大楼护肤品100瓶、面膜5 000片，货已发出，货款已收。

（2）8月20日，将护肤品20瓶、面膜100片赞助《黄河情深》实景演出。

（三）实训要求

（1）计算该公司8月应纳消费税税额。

（2）填制消费税纳税申报表。

其他应税消费品消费税纳税申报表

税款所属期：　年　月　日至　年　月　日

纳税人名称（公章）：　　　　　　　　　　　　　纳税人识别号：

填表日期：　年　月　日　　　　　　　　　　　　金额单位：元（列至角分）

项目 应税消费品名称	适用税率	销售数量	计量单位	销售额	应纳税额
合　计	—	—	—	—	

本期准予抵减税额：	**声明** 此纳税申报表是根据国家税收法律的规定填报的，我确定它是真实的、可靠的、完整的。
本期减（免）税额：	经办人（签章）： 财务负责人（签章）： 联系电话：
期初未缴税额：	
本期缴纳前期应纳税额：	（如果你已委托代理人申报，请填写） 　　　　授权声明 　为代理一切税务事宜，现授权＿＿＿＿
本期预缴税额：	（地址）＿＿＿＿为本纳税人的代理申报人，任何与本申报表有关的往来文件，都可寄予此人。
本期应补（退）税额：	
期末未缴税额：	授权人签章：

以下由税务机关填写

受理人（签章）：　　　受理日期：　年　月　日　　　受理税务机关（章）：

项目综合练习

一、单项选择题（在每小题列出的四个选项中，只有一项符合题目要求，请将符合题目要求的选项选出）

1.下列表述内容中，属于消费税纳税人的是（　　）。

A.出口应税消费品的单位和个人

B.批发零售应税消费品的单位和个人

C.委托加工应税消费品的单位和个人

D.受托加工应税消费品的单位和个人

2.下列行为中应该征收消费税的是（　　）。

A.大阳摩托车厂生产销售摩托车 　　　　　B.车辆商场销售摩托车

C.摩托车修理行修理摩托车 　　　　　　　D.王先生购买摩托车

3.委托加工应税消费品，应代收代缴消费税的是（　　）。

A.委托方 　　　　B.受托方 　　　　C.购进方 　　　　D.销售方

4.现行消费税共设置税目（　　）。

A.11个 　　　　　B.13个 　　　　　C.14个 　　　　　D.15个

5.下列关于消费税的纳税人说法正确的是（　　）。

A.甲公司是零售高档化妆品的大型超市，则甲公司是消费税的纳税人

B.乙公司是一家从事国产品牌大型汽车销售的4S店，则乙公司是消费税的纳税人

C.丙公司是一家专门承接烟丝委托加工业务的企业，则丙公司是消费税的纳税人

D.丁公司是一家从事外国高档化妆品进口和零售的企业，则丁公司是消费税的纳税人

6.实行从价定率征税的应税消费品，计算消费税的销售额（　　）。

A.含消费税不含增值税 　　　　　　　　　B.含增值税不含消费税

C.不含消费税和增值税 　　　　　　　　　D.含消费税和增值税

7.下列关于消费税的说法不正确的是（　　）。

A.纳税人将生产的应税消费品换取生产资料、消费资料应缴纳消费税

B.纳税人将生产的应税消费品投资入股应缴纳消费税

C.纳税人将生产的应税消费品偿还债务应缴纳消费税

D.纳税人将生产的应税消费品用于继续生产应税消费品应缴纳消费税

8.某纳税人委托上海日化公司加工一批高档化妆品，没有同类产品价格可以比照，受托方需按组成计税价格计算代收代缴的消费税，则其组成计税价格为（　　）。

A.（材料成本+加工费）/（1-消费税税率）

B.（成本+利润）/（1-消费税税率）

C.（材料成本+加工费）/（1+消费税税率）

D.（成本+利润）/（1+消费税税率）

9.某日用化妆品公司2017年8月进口化妆品一批，8月5日海关填发税款缴款书。

下列说法正确的是（　　）。

 A.缴纳的最后期限为8月19日   B.缴纳的最后期限为8月20日

 C.缴纳的最后期限为8月18日   D.缴纳的最后期限为8月5日

10.按照《消费税暂行条例》规定，关于委托加工应税消费品双方纳税义务的说法不正确的是（　　）。

 A.委托方应缴纳增值税

 B.委托方应缴纳消费税

 C.受托方应激纳增值税

 D.受托方应代收代缴委托方的消费税

二、多项选择题（在每小题列出的四个选项中，有两项或两项以上符合题目要求，请将符合题目要求的选项选出）

1.下列对消费税的表述中，正确的是（　　）。

 A.消费税的税目有14个

 B.在生产、流通和消费环节多次征收

 C.征收方法包括从价征收、从量征收和复合征收

 D.消费税属于价内税，具有转嫁性

2.甲企业向乙企业购买了一批烟叶，然后将生产的烟丝按出厂价销售给丙企业，丙企业将生产的卷烟销售给丁企业，丁企业以批发价将该产品销售给某市烟草公司戊，戊又将该卷烟销售给消费者。根据消费税法律制度规定，在上述交易过程中需缴纳消费税的环节是（　　）。

 A.甲乙之间的交易环节   B.甲丙之间的交易环节

 C.丙丁之间的交易环节   D.丁戊之间的交易环节

3.根据我国现行消费税的规定，纳税人提供下列业务应当缴纳消费税的是（　　）。

 A.汽车的租赁   B.汽车的修理

 C.汽车的生产销售   D.委托加工白酒

4.根据税法规定，下列说法正确的有（　　）。

 A.凡是征收消费税的消费品都征收增值税

 B.凡是征收增值税的货物都征收消费税

 C.应税消费品征收增值税的，其税基含有消费税

 D.应税消费品征收消费税的，其税基不含有增值税

5.某企业将自产的一批应税消费品用于发放福利。该批消费品成本为750万元，计税价格为1 250万元，适用的增值税税率为17%，消费税税率为10%。下列说法正确的是（　　）。

 A.应记入"应付职工薪酬"账户的增值税为212.5万元

 B.应记入"应付职工薪酬"账户的消费税为125万元

 C.共应记入"应付职工薪酬"账户的金额为1 087.5万元

 D.共应记入"应付职工薪酬"账户的金额为952.5万元

6.某公司进口一批应税消费品，海关应征进口关税20万元（关税税率为20%），已

知消费税税率为10%，则进口环节还需缴纳（　　　）。

　　A.增值税22.67万元　　　　　　　　B.消费税13.33万元

　　C.增值税27.67万元　　　　　　　　D.消费税23.33万元

7.根据《消费税暂行条例》的有关规定，下列各项中，不应征收消费税的有（　　　）。

　　A.建材企业销售自产的实木地板

　　B.外贸企业进口彩色电视机

　　C.日化企业将自产高档化妆品用于职工福利

　　D.商业企业销售摩托车

8.下列各项中，符合消费税纳税地点规定的是（　　　）。

　　A.进口应税消费品的，由进口人或其代理人向报关地海关申报纳税

　　B.纳税人总机构与分支机构不在同一县的，分支机构应回总机构申报纳税

　　C.委托加工应税消费品的，由委托方向受托方所在地主管税务机关申报纳税

　　D.纳税人到外县销售自产应税消费品的，应回纳税人核算地或所在地申报纳税

9.某化工厂用本厂新试制的高档化妆品2 000盒发放职工福利，生产成本为20元/盒，成本利润率为5%，消费税税率为15%，下列关于组成计税价格的计算正确的有（　　　）。

　　A.增值税组成计税价格为49 411.76元　　B.消费税组成计税价格为49 411.76元

　　C.增值税组成计税价格为42 000元　　　D.消费税组成计税价格为42 000元

10.某啤酒厂2017年10月将新试制的啤酒2吨用于啤酒节，该批产品成本共计4 000元，成本利润率为10%，消费税单位固定税额为每吨250元，无同类产品销售价格，应纳消费税和增值税为（　　　）。

　　A.应纳消费税500元　　　　　　　　B.应纳消费税400元

　　C.应纳增值税748元　　　　　　　　D.应纳增值税833元

三、判断题（判断正误，正确的打"√"，错误的打"×"）

1.纳税人兼营不同税率应税消费品的，一律从高从价适用税率。　　　　　　（　　）

2.应交增值税的产品在出厂销售时，还要缴纳消费税。　　　　　　　　　　（　　）

3.甲市A企业委托乙市B企业加工一批应税消费品，该批消费品应缴纳的消费税税款应由B企业向乙市税务机关解缴。　　　　　　　　　　　　　　　　　（　　）

4.对从事生产、批发零售、委托加工、进出口应税消费品的单位和个人，都应当征收消费税。　　　　　　　　　　　　　　　　　　　　　　　　　　　　（　　）

5.消费税是价内税、中央税、从价税。　　　　　　　　　　　　　　　　（　　）

6.纳税人自产自用的应税消费品，用于连续生产应税消费品的，于移送使用时纳税；用于其他方面的，不纳税。　　　　　　　　　　　　　　　　　　　（　　）

7.计算增值税销项税额和从价计算消费税的计税依据都是纳税人销售应税消费品取得的不含税销售额。　　　　　　　　　　　　　　　　　　　　　　　（　　）

8.纳税人外购已税消费品用于连续生产应税消费品，计算应纳消费税时，应按当期销售数量计算准予扣除外购的应税消费品已纳的消费税税款。　　　　　　（　　）

9.进口应税消费品，在进口环节缴纳消费税，在境内销售，不再缴纳消费税。

（　　）

10.纳税人销售的应税消费品，如因质量等原因由购买者退回时，可以自行坐支当期应纳消费税款，并在次月初进行纳税申报时报税务机关备案。（　　）

四、计算题（要求列出计算步骤，每步骤运算得数精确到小数点后两位）

1.某烟花制造公司为增值税一般纳税人，2017年7月发生下列经济业务：

（1）购进原材料一批，取得防伪税控系统开具的增值税专用发票上注明价款30万元，材料已验收入库。

（2）本月销售自产鞭炮一批，开具的增值税专用发票上注明价款80万元，收取包装费1.17万元（开具普通发票）。

（3）将一批自产鞭炮作为福利发放给职工，成本为5万元，成本利润率为5%。

（4）将成本为6万元的一批自产鞭炮，用于连续生产鞭炮。

（5）受托加工一批鞭炮，委托方提供的原材料成本为20 000元，收取加工费4 000元、代垫辅助材料款500元，增值税765元，并开具了增值税专用发票。该厂没有同类鞭炮销售价格。

要求：计算该公司应纳消费税、增值税及应代收代缴的消费税额。

2.某企业主要从事高档化妆品生产业务，兼营化妆品批发零售业务，适用消费税税率为15%。2017年9月该企业发生下列业务：

（1）进口一批A类高档化妆品，完税价格为800 000元，关税为100 000元。

（2）委托某工厂加工B类高档化妆品，提供原材料价值68 000元，支付加工费2 000元，该批加工产品已收回（受托方没有B类高档化妆品同类货物价格）。

（3）销售本企业生产的C类高档化妆品，取得销售额678 600元（含税）。

（4）"三八"妇女节，向全体女职工发放本企业新试制的一批D类高档化妆品，该批高档化妆品无同类销售价格，成本价为8 000元。已知高档化妆品的成本利润率为5%。

要求：计算该企业A、B、C、D四类高档化妆品的应纳消费税额。

五、案例分析题

某企业主要从事高档化妆品生产业务，兼营高档化妆品批发零售业务，适用消费税税率为15%。10月份该企业发生下列业务：

（1）从国外进口一批甲类高档化妆品，无偿赠送给某演出团体。

（2）委托某工厂加工乙类高档化妆品，提供原材料价值80 000元，支付加工费5 000元，该批加工产品已收回（受托方没有乙类高档化妆品同类货物价格）。

（3）销售本企业生产的丙类高档化妆品，取得销售额1 357 200元（含税）。

（4）"三八"妇女节，向全体女职工发放本企业新试制的一批丁类高档化妆品，该批高档化妆品无同类销售价格，成本价为9 500元。已知高档化妆品的成本利润率为5%。

要求：根据上述材料，回答下列问题。

（1）下列关于进口高档化妆品的说法正确的是（　　）。

A.进口时应纳的增值税，可以在计算本月应纳增值税时抵扣

B.进口时应纳的增值税，在计算本月应纳增值税时不得抵扣

C.进口时应纳增值税，无偿赠送时还应纳增值税

D.进口时应纳消费税，无偿赠送时还应纳消费税

（2）该企业进口高档化妆品，应当自海关填发海关进口增增值税专用缴款书之日起一定期限内缴纳税款，该期限是（　　　）。

A.5日　　　　　　　　B.10日　　　　　　　　C.15日　　　　　　　　D.20日

（3）该企业乙类高档化妆品应缴纳的消费税税额为（　　　）。

A.15 000元　　　　　B.12 750元　　　　　C.29 142元　　　　　D.20 400元

（4）该企业丙类高档化妆品应缴纳的消费税税额为（　　　）。

A.174 000元　　　　B.176 400元　　　　C.150 769元　　　　D.151 118元

（5）该企业丁类高档化妆品应缴纳的消费税税额为（　　　）。

A.1 840元　　　　　B.1 760.29元　　　　C.1 260元　　　　D.1 920元

项目四 企业所得税的计算与缴纳

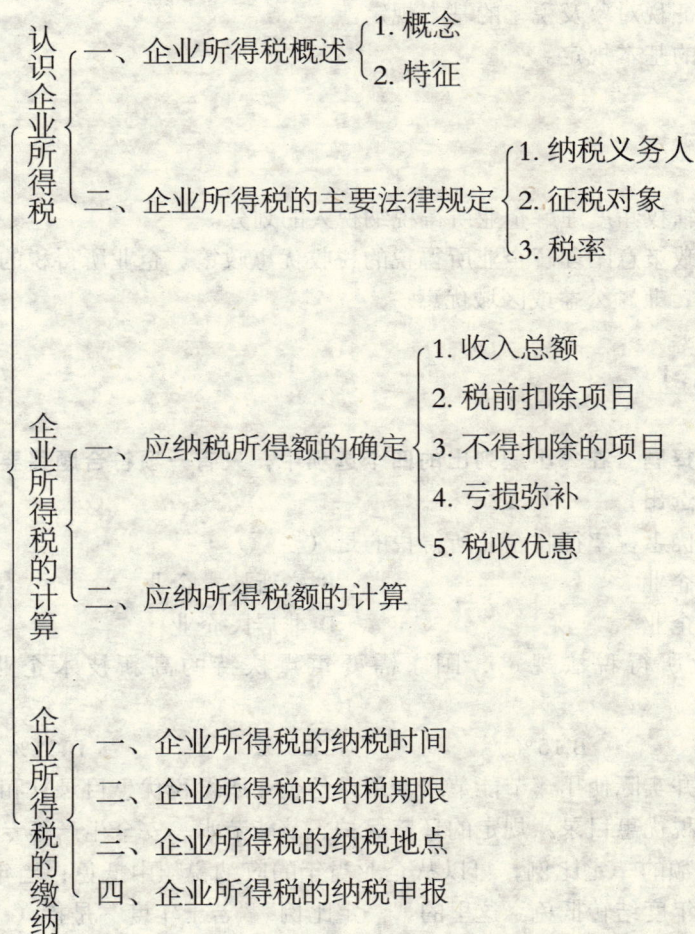

知识框架

认识企业所得税
- 一、企业所得税概述
  - 1. 概念
  - 2. 特征
- 二、企业所得税的主要法律规定
  - 1. 纳税义务人
  - 2. 征税对象
  - 3. 税率

企业所得税的计算
- 一、应纳税所得额的确定
  - 1. 收入总额
  - 2. 税前扣除项目
  - 3. 不得扣除的项目
  - 4. 亏损弥补
  - 5. 税收优惠
- 二、应纳所得税额的计算

企业所得税的缴纳
- 一、企业所得税的纳税时间
- 二、企业所得税的纳税期限
- 三、企业所得税的纳税地点
- 四、企业所得税的纳税申报

任务4.1　认识企业所得税

重点难点

1.纳税人、征税对象及税率的基本规定。
2.税收优惠的基本规定。

学习指导

1.从税收管辖权角度理解企业所得税纳税人的划分。
2.从国家的政策意图理解企业所得税的税收优惠政策。企业所得税的税收优惠政策侧重于产业优惠，兼顾公益或区域优惠。

同步练习

一、单项选择题（在每小题列出的四个选项中，只有一项符合题目要求，请将符合题目要求的选项选出）

1.按20%的优惠税率征收企业所得税的是（　　）。

A.小型微利企业　　　　　　　　　B.高新技术企业

C.节能环保企业　　　　　　　　　D.非居民企业

2.根据企业所得税法规定，国家需要重点扶持的高新技术企业，优惠税率为（　　）。

A.10%　　　　　B.15%　　　　　C.20%　　　　　D.25%

3.企业购置并实际使用《节能节水专用设备企业所得税优惠目录》和《安全生产专用设备企业所得税优惠目录》规定的环境保护、节能节水、安全生产等专用设备的，该专用设备的投资额的一定比例，可以从企业当年的应纳税额中抵免；当年不足抵免的，可以在以后若干年度结转抵免。这里的"一定比例""若干年度"是指（　　）。

A.10%，5年　　　B.90%，5年　　　C.10%，3年　　　D.10%，2年

4.下列项目中，不属于企业所得税纳税人的是（　　）。

A.外商投资企业　　　　　　　　　B.一人有限责任公司

C.个人独资企业　　　　　　　　　D.有来源于中国境内所得的外国企业

5.根据企业所得税法的规定，下列企业中属于非居民企业的是（　　）。

A.设在北京市的某国有独资企业

B.依照百慕大法律设立且实际管理机构在上海的某公司

C.总部设在上海的外资企业

D.依照美国法律成立,未在中国境内设立机构、场所,但有来源于中国境内所得的某公司

6.按照企业所得税法和实施条例规定,下列各项中不属于居民企业的是(　　)。

A.在上海市工商局登记注册的企业

B.在德国注册但实际管理机构在北京的德国独资企业

C.在美国注册的企业设在苏州的办事处

D.在天津注册但在非洲开展工程承包的企业

7.企业综合利用资源,生产符合国家产业政策规定的产品所取得的收入,可以在计算应纳税所得额时减计收入的(　　)。

A.90%　　　　　　B.20%　　　　　　C.30%　　　　　　D.10%

8.企业安置残疾人员的,在按照支付给残疾职工工资据实扣除的基础上,按照支付给残疾职工工资的加计扣除比例是(　　)。

A.100%　　　　　　B.200%　　　　　　C.300%　　　　　　D.50%

二、多项选择题(在每小题列出的四个选项中,有两项或两项以上符合题目要求,请将符合题目要求的选项选出)

1.下列关于企业所得税的说法中,正确的是(　　)。

A.企业所得税是对我国境内的企业和其他取得收入的组织的生产经营所得和其他的所得征收的所得税

B.我国目前的企业所得税实现了内、外资企业企业所得税"两法合并"

C.根据《企业所得税法》规定,企业分为居民企业和外国企业

D.我国现行企业所得税的基本税率为25%

2.下列应缴纳企业所得税的是(　　)。

A.美国福特汽车公司在湖北设立的售后服务机构

B.英国考证认证中心通过远程教育网络取得来源于中国境内的培训收入

C.俄罗斯金矿开采公司在中国云南设立开采场所

D.德国汽车制造公司将一项专利转让给中国境内的某外商投资企业

3.企业所得税将纳税人划分为居民企业和非居民企业,划分的标准是(　　)。

A.登记注册地标准　　　　　　B.实际管理机构地标准

C.总机构所在地标准　　　　　　D.国籍标准

4.下列关于企业所得税的说法中错误的是(　　)。

A.国有企业、集体企业、合伙企业均是企业所得税的纳税人

B.依照外国法律成立,未在中国境内设立机构、场所的公司不是企业所得税纳税人

C.居民企业应就其来源于中国境内和境外的全部所得缴纳企业所得税

D.非居民企业仅就其来源于中国境内的所得缴纳企业所得税

5.根据《企业所得税法》的规定,下列关于纳税人的说法,不正确的是(　　)。

A.只有依照中国法律成立的企业才是居民企业

B.依照外国法律成立,实际管理机构在中国境内的企业是非居民企业

C.依照外国法律成立的企业都是非居民企业

D.在中国境内设立机构、场所且在境外成立其实际管理机构的企业是非居民企业

6.下列关于企业所得税税率的表述中，正确的是（　　　）。

A.企业所得税实行比例税率

B.企业所得税的基本税率为25%

C.在中国境内未设立机构、场所的非居民企业适用的企业所得税税率为20%

D.在中国境内虽设立机构、场所但取得的所得与其所设机构、场所没有实际联系的非居民企业，适用的企业所得税税率为20%

7.现行《企业所得税法》规定的企业所得税的税收优惠方式包括（　　　）。

A.加计扣除　　　　B.加速折旧　　　　C.减计收入　　　　D.减低税率

8.在企业所得税的税收优惠中，实行加计扣除的是（　　　）。

A.国债利息收入　　　　　　　　B.企业安置残疾人员

C.研究开发费用　　　　　　　　D.购置环保专用设备

三、判断题（判断正误，正确的打"√"，错误的打"×"）

1.A企业是按美国法律成立的总部设在纽约的公司，在我国没有设立办事机构，因此，在我国不用交企业所得税。　　　　　　　　　　　　　　　　　　　（　　　）

2.非居民企业在中国境内未设立机构、场所而有来源于中国境内的所得，或者虽设立机构、场所但取得的来源于中国境内的所得与其所设机构、场所没有实际联系的，均应缴纳企业所得税。　　　　　　　　　　　　　　　　　　　　　　　　（　　　）

3.依照国际惯例，企业所得税将纳税人按照设立时间长短和收入来源地两个标准，划分为居民企业和非居民企业，分别承担不同的纳税义务。　　　　　　　（　　　）

4.任何企业均应当就其来源于中国境内、境外的所得缴纳企业所得税。（　　　）

5.企业所得税的征税对象是企业取得的各项所得，不包括利息所得和接受捐赠所得。　　　　　　　　　　　　　　　　　　　　　　　　　　　　　　　（　　　）

6.所得税是以纳税人的净利润为征收对象，以经过计算得出的应纳税所得额为计税依据。　　　　　　　　　　　　　　　　　　　　　　　　　　　　　　　（　　　）

7.企业所得税的基本税率为25%，适用于居民企业和在中国境内设有机构、场所且所得与机构、场所有关联的非居民企业。　　　　　　　　　　　　　　　（　　　）

8.企业从事国家重点扶持的公共基础设施项目的投资经营的所得，自开始获利年度起，第1年至第3年免征企业所得税，第4年至第6年减半征收企业所得税。（　　　）

任务4.2　企业所得税的计算

重点难点

1.收入总额、税前扣除项目范围和标准的基本规定。

2.资产的税务处理的基本规定。

学习指导

1.根据已学会计知识理解企业所得税的收入总额、税前扣除项目的范围和标准，以及在税收和会计上的差异。

2.从税收和会计两方面理解企业所得税应纳税所得额的确定。企业应纳税所得额的计算体现了权责发生制和税收优先原则。

同步练习

一、单项选择题（在每小题列出的四个选项中，只有一项符合题目要求，请将符合题目要求的选项选出）

1.下列收入中，属于企业所得税不征税收入的是（   ）。

A.转让财产收入

B.财政拨款收入

C.国债利息收入

D.符合条件的居民企业之间的股息收入

2.某外商投资企业 2017 年取得利润总额为 4 900 万元，其中营业外支出和投资收益账户分别列有：赞助电视剧播出 100 万元，国债利息收入 20 万元。假设无其他调整事项，根据企业所得税法律制度的规定，该外商投资企业 2017 年应纳税所得额为（   ）。

A.4 980 万元　　　　B.5 040 万元　　　　C.5 124 万元　　　　D.5 137 万元

3.某企业 2011 年发生亏损 20 万元，2012 年盈利 12 万元，2013 年亏损 1 万元，2014 年盈利 4 万元，2015 年亏损 5 万元，2016 年盈利 2 万元，2017 年盈利 38 万元，适用的企业所得税税率为 25%，则该单位 2011—2017 年总计应缴纳的企业所得税税额为（   ）。

A.32 万元　　　　　B.8 万元　　　　　C.7.5 万元　　　　　D.9 万元

4.甲公司 2017 年度实现利润总额为 320 万元，无其他纳税调整事项。2016 年度甲公司会计利润亏损额为 280 万元，经税务机关核实的亏损额为 300 万元。该公司 2017 年度应缴纳的企业所得税税额为（   ）。

A.80 万元　　　　　B.5 万元　　　　　C.10 万元　　　　　D.15 万元

5.企业所得税的纳税人发生年度亏损，可以用来弥补的金额是（   ）。

A.企业申报的亏损

B.税务机关按税法规定核实、调整后的金额

C.企业财务报表的账面金额

D.企业自己核定的亏损额

6.某企业 2017 年度销售收入为 272 000 元，发生业务招待费 5 000 元，根据企业所得税法律的规定，该企业当年可以在税前扣除的业务招待费最高为（   ）。

A.1 360 元　　　　B.3 000 元　　　　C.3 808 元　　　　D.5 000 元

7.某企业某年产品销售收入 1 800 万元，其他业务收入 200 万元，营业外收入 30 万元，广告费开支 290 万元，计算企业所得税时广告费支出的调整情况为（   ）。

A.应调增应纳税所得 10 万元

B.应调减应纳税所得 10 万元

C.应调增应纳税所得 14.5 万元　　　　　D.不用调整

8.某生产化妆品的企业，2017 年计入成本、费用中的合理的实发工资为 540 万元，当年发生工会经费 15 万元、职工福利费 80 万元、职工教育经费 11 万元，则税前可扣除的职工工会经费、职工福利费、职工教育经费合计为（　　　）。

A.106 元　　　　　B.97.4 元　　　　　C.99.9 元　　　　　D.108.5 元

9.2017 年某企业主营业务收入 5 000 万元，营业外收入 80 万元，主营业务成本 4 100 万元，全年发生管理费用、销售费用和财务费用共计 700 万元，营业外支出 60 万元（其中符合规定的公益性捐赠支出 50 万元），2016 年度经税务机关核定的亏损额为 30 万元。2017 年度该企业应缴纳企业所得税（　　　）。

A.47.5 万元　　　　　B.53.4 万元　　　　　C.53.6 万元　　　　　D.54.3 万元

10.名典家具厂 2017 年度实现会计利润总额 900 万元，营业外支出中列有城管罚款 3 万元、赞助支出 4 万元、准备金支出 5 万元。计算企业所得税时应调增应纳税所得额（　　　）。

A.42 万元　　　　　B.37 万元　　　　　C.12 万元　　　　　D.9 万元

二、多项选择题（在每小题列出的四个选项中，有两项或两项以上符合题目要求，请将符合题目要求的选项选出）

1.下列项目中，应计入应纳税所得额的是（　　　）。

A.销售货物收入　　　　　　　　　　　B.财产转让收入

C.租金收入　　　　　　　　　　　　　D.接受捐赠收入

2.根据《企业所得税法》的规定，下列项目中，属于不征税收入的是（　　　）。

A.财政拨款

B.国债利息收入

C.非营利组织收入

D.依法收取并纳入财政管理的行政事业性收费、政府性基金

3.下列收入不属于企业所得税免税收入的是（　　　）。

A.非营利组织的收入

B.财政拨款收入

C.居民企业之间的股息、红利等权益性收益

D.国债利息收入

4.根据企业所得税法律制度的规定，下列说法正确的是（　　　）。

A.企业发生的职工福利费支出，不超过工资薪金总额 14% 的部分，准予在计算应纳税所得额时扣除

B.企业拨缴的工会经费，不超过工资薪金总额 2% 的部分，准予在计算应纳税所得额时扣除

C.除国务院财政、税务主管部门另有规定外，企业发生的职工教育经费支出，不超过工资薪金总额 2.5% 的部分，准予在计算应纳税所得额时扣除

D.企业发生的与生产经营活动有关的业务招待费支出，在计算应纳税所得额时按照发生额的 60% 扣除，但最高不得超过当年销售（营业）收入的 5‰

5.根据《企业所得税法》的规定，下列支出项目中，在计算企业所得税应纳税所得额时，不得扣除的是（　　）。

A.税收滞纳金　　　　　　　　　B.银行按规定加收罚息

C.被没收财物的损失　　　　　　D.未经核定的准备金支出

6.纳税人发生的下列支出中，在计算应纳税所得额时不得扣除的是（　　）。

A.缴纳罚金10万元　　　　　　　B.直接赞助某学校8万元

C.缴纳税收滞纳金4万元　　　　D.支付法院诉讼费1万元

7.在计算企业所得税应纳税所得额时，下列支出中，不得扣除的项目是（　　）。

A.企业之间支付的管理费　　　　B.增值税税款

C.税收滞纳金　　　　　　　　　D.银行对企业签发空头支票进行的罚款

8.依据企业所得税有关规定，纳税人在计算应纳税所得额时，不允许扣除的税金不包括（　　）。

A.消费税　　　　　B.城建税　　　　　C.企业所得税　　　　　D.增值税

三、判断题（判断正误，正确的打"√"，错误的打"×"）

1.企业发生的与生产经营活动有关的业务招待费支出，不超过当年销售（营业）收入5‰的，可据实扣除。（　　）

2.企业发生的职工教育经费的支出，不超过工资薪金总额的2.5%的部分，准予税前扣除，超过的部分，准予在以后纳税年度结转扣除。（　　）

3.企业之间支付的管理费、企业内营业机构之间支付的租金，可以扣除。（　　）

4.在计算应纳税所得额时，企业财务会计处理办法与税收法律法规规定不一致的，应当依照税收法律法规的规定计算。（　　）

5.企业为投资者或者职工支付的商业保险费，在计算应纳税所得额时，可以扣除。（　　）

6.企业发生的公益性捐赠支出，在年度利润总额12%以内的部分，准予在计算应纳税所得额时扣除。（　　）

7.企业持有的固定资产，单位价值不超过5 000元的，可以一次性在计算应纳税所得额时扣除。（　　）

8.从2017年1月1日至2019年12月31日，对年应纳税所得额低于50万元（含50万元）的小型微利企业，其所得减按50%计入应纳税所得额，按20%的税率缴纳企业所得税。（　　）

四、计算题（要求列出计算步骤，每步骤运算得数精确到小数点后两位）

1.（1）A企业2017年度实现利润总额10 000元，公益性捐赠支出10 000元，假设除此之外，无其他纳税调整事项，计算2017年度应纳税所得额。

（2）B企业2017年度实现利润总额0元，公益性捐赠支出10 000元，假设除此之外，无其他纳税调整事项，计算2017年度应纳税所得额。

（3）C企业2017年度实现利润总额−10 000元，公益性捐赠支出10 000元，假设除此之外，无其他纳税调整事项。

要求：计算A、B、C企业2017年度应纳税所得额。

2.临海市某木业公司，主要生产销售多层胶合板及木工板，2017年度（2016年度税务机关认定的亏损为30万元）有关经营业务如下：

（1）销售板材取得主营业务收入8 600万元。

（2）出租设备取得其他业务收入200万元。

（3）取得营业外收入12万元。

（4）年底取得国债利息收入30万元，从一居民企业分回投资收益15万元。

（5）主营业务成本为5 300万元。

（6）应缴纳增值税90万元、城建税及教育费附加9万元。

（7）销售费用为1 650万元，其中广告费1 400万元、赞助支出29万元。

（8）管理费用为400万元，其中业务招待费90万元、技术开发费250万元。

（9）财务费用为80万元，其中包括在建工程利息支出24万元、逾期罚息支出3万元、向商贸企业借款500万元所支付的年利息费用40万元（当年金融企业同期同类贷款的年利率为6%）。

（10）营业外支出300万元，其中直接向某职业学校捐款48万元、通过公益性社会团体向贫困山区捐款150万元、车辆罚款2万元，列支自然灾害全部损失50万元（获保险公司理赔30万元）。

（11）计入成本、费用中的实发工资540万元，发生的工会经费15万元、职工福利费82万元、职工教育经费18万元。

要求：计算该企业2017年度应补（退）企业所得税税额。（企业已预缴企业所得税11万元）

3.临海市泰达能源有限公司为国家重点扶持的高新技术企业，2017年度实现会计利润总额2 000万元（上年度亏损100万元，已预缴企业所得税300万元），有关的核算资料如下：

（1）全年实现主营业务收入7 500万元，其他业务收入500万元，营业外收入50万元。

（2）"投资收益"中列有国债利息收入10万元，来自居民企业的投资收益12万元。

（3）全年计入成本费用的实际工资总额500万元，发生职工福利费支出75万元、拨缴的工会经费10万元、发生的职工教育经费支出14万元。

（4）"销售费用"中列有广告费2 400万元。

（5）"管理费用"中列有业务招待费75万元、研究开发费450万元。

（6）"财务费用"中列有三笔利息支出：从工商银行贷款的生产经营资金利息支出21万元，未完在建工程利息支出22万元，向某肉联厂借款100万元发生利息支出10万元（当年金融企业同期同类贷款的年利率为6%）。

（7）"营业外支出"中列有三笔支出：通过临沂市教育局向临沂市财经职业学院捐款350万元，税收滞纳金1万元，因未达到安全生产要求接受安监局罚款2万元。

要求：计算该企业2017年度应补（退）企业所得税税额。

五、案例分析题

1.某企业2017年度会计报表上的销售收入总额为1 000万元，利润总额为100万元，已累计预缴企业所得税25万元。2017年其他有关情况如下：

（1）非销售收入50万元，其中包括购买国债的利息收入10万元、企业债券利息10万元、投资收益10万元、接受捐赠收入10万元。

（2）管理费用450万元，销售费用300万元。

（3）支付在建办公楼工程款60万元，已列入当期费用。

（4）支付诉讼费2.3万元，已列入当期费用。

（5）营业外支出300万元，其中包括违法经营罚款10万元。

要求：根据上述材料，回答下列问题。

（1）下列选项中，不得在计算应纳税所得额时扣除的是（　　）。

A.行政性罚款　　　B.银行罚息　　　C.违约金　　　D.滞纳金

（2）该企业2017年取得的非销售收入中属于免税收入的是（　　）。

A.国债利息收入10万元　　　　　　B.企业债券利息10万元

C.投资收益10万元　　　　　　　　D.接受捐赠收入10万元

（3）下列费用中，准予在计算应纳税所得额时扣除的是（　　）。

A.管理费用450万元　　　　　　　B.支付在建办公楼工程款60万元

C.销售费用300万元　　　　　　　D.营业外支出300万元

（4）该企业2017年汇算清缴应补缴的企业所得税税额为（　　）。

A.15万元　　　B.12.5万元　　　C.37.5万元　　　D.22.5万元

（5）根据《企业所得税法》的规定，企业所得税的征收办法是（　　）。

A.按月征收　　　　　　　　　B.按季计征，分月预缴

C.按季征收　　　　　　　　　D.按年计征，分月或分季预缴

2.华美公司2017年1月—12月共预缴企业所得税680万元。根据所得税汇算清缴结果，有关资料如下：主营业务收入8 500万元，主营业务成本4 300万元，销售费用760万元，管理费用645万元，其他业务收入35万元，其他业务支出23万元，营业外收入115万元，营业外支出78万元，实际发生坏账损失24万元，取得扩大内需财政拨款56万元，取得租金收入20万元，银行利息支出52万元。假设各扣除项目的支出均符合税法规定的扣除标准，该公司适用的企业所得税税率为25%。

要求：根据上述资料，回答下列各题。

（1）根据《企业所得税法》的规定，下列关于居民企业和非居民企业的说法，正确的是（　　）。

A.只有依照中国法律成立的企业才是居民企业

B.依照外国法律成立，实际管理机构在中国境内的企业是非居民企业

C.在境外成立的企业都是非居民企业

D.在中国境内设立机构、场所且在境外成立其实际管理机构的企业是非居民企业

（2）下列说法中正确的有（　　）。

A.企业所得税实行分月或分季预缴，年终汇算清缴

B.企业所得税也可实行年终一次缴清的方法

C.财政拨款56万元为不征税收入

D.租金收入20万元不必计算缴纳企业所得税

（3）华美公司2017年度应纳税所得额为（　　　）。

A.2 844万元　　　　　B.2 788万元　　　　　C.2 836万元　　　　　D.2 892万元

（4）华美公司应补交企业所得税（　　　）。

A.31万元　　　　　B.29万元　　　　　C.43万元　　　　　D.17万元

3.某企业2017年度有关财务资料如下：

（1）全年销售收入3 000万元，营业外收入520万元。

（2）有关销售成本支出1 800万元，增值税336万元。

（3）管理费用280万元，财务费用1 000万元，销售费用220万元。

（4）营业外支出80万元。

该企业上年度亏损12万元。企业适用所得税税率为25%。

要求：按照企业所得税的规定和要求，回答下列问题。

（1）下列选项中，属于不征税收入的是（　　　）。

A.国债利息收入　　　　　　　　　　B.租金收入

C.依法收取的政府性基金　　　　　　D.特许权使用费收入

（2）下列选项中，在计算应纳税所得额时不得扣除的是（　　　）。

A.城建税　　　　B.增值税　　　　C.非公益性捐赠　　　　D.管理费用

（3）该企业当年应纳税所得额是（　　　）。

A.196万元　　　　B.128万元　　　　C.140万元　　　　D.280万元

（4）该企业当年企业所得税应纳税额为（　　　）。

A.0　　　　B.32万元　　　　C.35万元　　　　D.70万元

（5）根据企业所得税法律的规定，下列各项中，属于企业所得税纳税人的是（　　　）。

A.外商投资企业　　　　　　　　　　B.合伙企业

C.国有企业　　　　　　　　　　　　D.有经营所得的事业单位

任务4.3　企业所得税的缴纳

重点难点

1.征收办法、纳税期限、纳税地点的规定。

2.纳税申报流程。

学习指导

1.结合会计报表内容理解企业所得税申报表。

2.结合实例，根据填表说明及表与表之间的勾稽关系，掌握纳税申报表的填报。

同步练习

一、判断题（判断正误，正确的打"√"，错误的打"×"）

1.纳税人在纳税年度内无论盈利或亏损，都应当按照规定的期限，向当地主管税务机关报送所得税纳税申报表和年度会计报表。　　　　　　　　　　（　　）

2.《企业所得税法》规定，企业应当自年度终了之日起4个月内，向税务机关报送年度企业所得税纳税申报表，并汇算清缴税款。　　　　　　　　（　　）

3.企业所得税按年计征，分月或者分季预缴，年终汇算清缴，多退少补。（　　）

4.纳税人在一个年度中间开业，或者由于合并、关闭等原因，使该纳税年度的实际经营期不足12个月的，应当以其实际经营期为一个纳税年度。　　（　　）

5.企业所得税的纳税人，其登记注册地与实际经营管理地不一致的，应当以其实际经营管理地为申报纳税所在地。　　　　　　　　　　　　　　（　　）

二、实训题

【实训一】

（一）实训目的

通过学习企业所得税的主要税收法律规定全面认识企业所得税，并掌握企业所得税的预缴。

（二）实训资料

长城有限责任公司为符合条件的小型微利企业，当地政府规定企业所得税按季度预缴。该公司2017年第三季度营业收入为357 863.35元，营业成本为224 378.19元。

（三）实训要求

请根据上述资料，计算长城有限责任公司2017年第三季度应预缴的企业所得税，并填制纳税申报表。

中华人民共和国企业所得税月（季）度预缴纳税申报表（A类）

税款所属期：　　年　月　日至　年　月　日

纳税人识别号：

纳税人名称：　　　　　　　　　　　　　　　　　　金额单位：人民币元（列至角分）

行次	项　目	本期金额	累计金额
1	一、按照实际利润额预缴		
2	营业收入		
3	营业成本		
4	利润总额		
5	加：特定业务计算的应纳税所得额		
6	减：不征税收入和税基减免应纳税所得额		

行次	项　目	本期金额	累计金额
7	固定资产加速折旧（扣除）调减额		
8	弥补以前年度亏损		
9	实际利润额（4行+5行−6行−7行−8行）		
10	税率（25%）	0.25	0.25
11	应纳所得税额（9行×10行）		
12	减：减免所得税额（请填附表3）		
13	实际已预缴所得税额	—	
14	特定业务预缴（征）所得税额		
15	应补（退）所得税额（11行−12行−13行−14行）	—	
16	减：以前年度多缴在本期抵缴所得税额		
17	本期实际应补（退）所得税额	—	
18	二、按照上一纳税年度应纳税所得额平均额预缴		
19	上一纳税年度应纳税所得额	—	
20	本月（季）应纳税所得额（19行×1/4或1/12）		
21	税率（25%）	0.25	0.25
22	本月（季）应纳所得税额（20行×21行）		
23	减：减免所得税额		
24	本月（季）实际应补（退）所得税额		
25	三、按照税务机关确定的其他方法预缴		
26	本月（季）税务机关确定的预缴所得税额		
27	总分机构纳税人		
28	总机构 / 总机构应分摊所得税额（19行或26行或28行×总机构应分摊预缴比例）		
29	财政集中分配所得税额		
30	分支机构应分摊所得税额（19行或26行或28行×分支机构应分摊比例）		
31	其中：总机构独立生产经营部门应分摊所得税额		

续表

行次		项　目	本期金额	累计金额
32	分支机构	分配比例		
33		分配所得税额		
		是否属于小型微利企业	是□　　　否□	

谨声明：此纳税申报表是根据《中华人民共和国企业所得税法》、《中华人民共和国企业所得税法实施条例》和国家有关税收规定填报的，是真实的、可靠的、完整的。

法定代表人（签字）：　　年　　月　　日

纳税人公章： 会计主管： 填表日期：　年　月　日	代理申报中介机构公章： 经办人： 经办人执业证件号码： 代理申报日期：　年　月　日	主管税务机关受理专用章： 受理人： 受理日期：　年　月　日

国家税务总局监制

中华人民共和国企业所得税月（季）度预缴纳税申报表（A类，2015年版）附表3

减免所得税额明细表

金额单位：人民币元（列至角分）

行次	项　目	本期金额	累计金额
1	合计（2行+4行+5行+6行）		
2	一、符合条件的小型微利企业		
3	其中：减半征税		
4	二、国家需要重点扶持的高新技术企业		
5	三、减免地方分享所得税的民族自治地方企业		
6	四、其他专项优惠（7行+8行+9行+…+30行）		
7	（一）经济特区和上海浦东新区新设立的高新技术企业		
8	（二）经营性文化事业单位转制企业		
9	（三）动漫企业		
10	（四）受灾地区损失严重的企业		
11	（五）受灾地区农村信用社		
12	（六）受灾地区的促进就业企业		
13	（七）技术先进型服务企业		
14	（八）新疆困难地区新办企业		

续表

行次	项 目	本期金额	累计金额
15	（九）新疆喀什、霍尔果斯特殊经济开发区新办企业		
16	（十）支持和促进重点群体创业就业企业		
17	（十一）集成电路线宽小于0.8微米（含）的集成电路生产企业		
18	（十二）集成电路线宽小于0.25微米的集成电路生产企业		
19	（十三）投资额超过80亿元人民币的集成电路生产企业		
20	（十四）新办集成电路设计企业		
21	（十五）国家规划布局内重点集成电路设计企业		
22	（十六）符合条件的软件企业		
23	（十七）国家规划布局内重点软件企业		
24	（十八）设在西部地区的鼓励类产业企业		
25	（十九）符合条件的生产和装配伤残人员专门用品企业		
26	（二十）中关村国家自主创新示范区从事文化产业支撑技术等领域的高新技术企业		
27	（二十一）享受过渡期税收优惠企业		
28	（二十二）横琴新区、平潭综合实验区和前海深港现代化服务业合作区企业		
29	（二十三）其他1：		
30	（二十四）其他2：		

【实训二】

（一）实训目的

通过学习企业所得税的主要税收法律规定，全面认识企业所得税，并掌握企业所得税的计算与缴纳。

（二）实训资料

长城有限责任公司为居民企业，2018年3月对企业进行所得税汇算清缴工作，2017年经营业务如下：

（1）全年产品销售收入4 600万元，材料销售收入200万元，出租固定资产收入200万元。

（2）产品销售成本2 200万元，材料销售成本250万元，出租固定资产成本50万元。

（3）全年发生管理费用620万元（其中业务招待费40万元），财务费用70万元，销售费用800万元。

（4）全年缴纳各种税费280万元（其中增值税130万元）。

（5）营业外收入50万元（因债权人失踪，成为确实无法支付的款项）；营业外支出50万元（其中非正常损失43万元，支付环保罚款7万元）。

（6）2017年已预缴了企业所得税180万元。

（三）实训要求

请根据上述资料，计算长城有限责任公司2017年应补缴的企业所得税，并填制纳税申报表。

A100000

中华人民共和国企业所得税年度纳税申报表（A类）

行次	类别	项　目	金额（元）
1	利润总额计算	一、营业收入（填写A101010\101020\103000）	
2		减：营业成本（填写A102010\102020\103000）	
3		税金及附加	
4		销售费用（填写A104000）	
5		管理费用（填写A104000）	
6		财务费用（填写A104000）	
7		资产减值损失	
8		加：公允价值变动收益	
9		投资收益	
10		二、营业利润（1-2-3-4-5-6-7+8+9）	
11		加：营业外收入（填写A101010\101020\103000）	
12		减：营业外支出（填写A102010\102020\103000）	
13		三、利润总额（10+11-12）	
14	应纳税所得额计算	减：境外所得（填写A108010）	
15		加：纳税调整增加额（填写A105000）	
16		减：纳税调整减少额（填写A105000）	
17		减：免税、减计收入及加计扣除（填写A107010）	
18		加：境外应税所得抵减境内亏损（填写A108000）	
19		四、纳税调整后所得（13-14+15-16-17+18）	
20		减：所得减免（填写A107020）	
21		减：抵扣应纳税所得额（填写A107030）	
22		减：弥补以前年度亏损（填写A106000）	
23		五、应纳税所得额（19-20-21-22）	

续表

行次	类别	项　目	金额（元）
24		税率（25%）	
25		六、应纳所得税额（23×24）	
26		减：减免所得税额（填写A107040）	
27		减：抵免所得税额（填写A107050）	
28		七、应纳税额（25-26-27）	
29	应纳税额计算	加：境外所得应纳所得税额（填写A108000）	
30		减：境外所得抵免所得税额（填写A108000）	
31		八、实际应纳所得税额（28+29-30）	
32		减：本年累计实际已预缴的所得税额	
33		九、本年应补（退）所得税额（31-32）	
34		其中：总机构分摊本年应补（退）所得税额（填写A109000）	
35		财政集中分配本年应补（退）所得税额（填写A109000）	
36		总机构主体生产经营部门分摊本年应补（退）所得税额（填写A109000）	
37	附列资料	以前年度多缴的所得税额在本年抵减额	
38		以前年度应缴未缴在本年入库所得税额	

A101010

一般企业收入明细表

填报时间：　　　　　　　　　　　　　　　　　　　　　　　　金额单位：元

行次	项　目	金额
1	一、营业收入（2+9）	
2	（一）主营业务收入（3+5+6+7+8）	
3	1.销售商品收入	
4	其中：非货币性资产交换收入	
5	2.提供劳务收入	

行次	项　目	金额
6	3.建造合同收入	
7	4.让渡资产使用权收入	
8	5.其他	
9	（二）其他业务收入（10+12+13+14+15）	
10	1.销售材料收入	
11	其中：非货币性资产交换收入	
12	2.出租固定资产收入	
13	3.出租无形资产收入	
14	4.出租包装物和商品收入	
15	5.其他	
16	二、营业外收入（17+18+19+20+21+22+23+24+25+26）	
17	（一）非流动资产处置利得	
18	（二）非货币性资产交换利得	
19	（三）债务重组利得	
20	（四）政府补助利得	
21	（五）盘盈利得	
22	（六）捐赠利得	
23	（七）罚没利得	
24	（八）确实无法偿付的应付款项	
25	（九）汇兑收益	
26	（十）其他	

A102010

一般企业成本支出明细表

填报时间：   金额单位：元

行次	项　目	金额
1	一、营业成本（2+9）	
2	（一）主营业务成本（3+5+6+7+8）	
3	1.销售商品成本	
4	其中：非货币性资产交换成本	
5	2.提供劳务成本	
6	3.建造合同成本	
7	4.让渡资产使用权成本	
8	5.其他	
9	（二）其他业务成本（10+12+13+14+15）	
10	1.材料销售成本	
11	其中：非货币性资产交换成本	
12	2.出租固定资产成本	
13	3.出租无形资产成本	
14	4.包装物出租成本	
15	5.其他	
16	二、营业外支出（17+18+19+20+21+22+23+24+25+26）	
17	（一）非流动资产处置损失	
18	（二）非货币性资产交换损失	
19	（三）债务重组损失	
20	（四）非常损失	
21	（五）捐赠支出	
22	（六）赞助支出	
23	（七）罚没支出	
24	（八）坏账损失	
25	（九）无法收回的债券股权投资损失	
26	（十）其他	

A105000

纳税调整项目明细表

填报时间：   金额单位：元

行次	项　目	账载金额	税收金额	调增金额	调减金额
		1	2	3	4
1	一、收入类调整项目（2+3+4+5+6+7+8+10+11）	*	*		
2	1.视同销售收入（填写A105010）	*			*
3	2.未按权责发生制原则确认的收入（填写A105020）				
4	3.投资收益（填写A105030）				
5	4.按权益法核算长期股权投资对初始投资成本调整确认收益	*	*	*	
6	5.交易性金融资产初始投资调整	*	*		*
7	6.公允价值变动净损益		*		
8	7.不征税收入	*	*		
9	其中：专项用途财政性资金（填写A105040）	*	*		
10	8.销售折扣、折让和退回				
11	9.其他				
12	二、扣除类调整项目 （13+14+15+16+17+18+19+20+21+22+23+24+26+27+28+29）	*	*		
13	1.视同销售成本（填写A105010）	*		*	
14	2.职工薪酬（填写A105050）				
15	3.业务招待费支出				*
16	4.广告费和业务宣传费支出（填写A105060）	*	*		
17	5.捐赠支出（填写A105070）				*
18	6.利息支出				
19	7.罚金、罚款和被没收财物的损失		*		*
20	8.税收滞纳金、加收利息		*		*
21	9.赞助支出		*		*
22	10.与未实现融资收益相关在当期确认的财务费用				
23	11.佣金和手续费支出				*

续表

行次	项　目	账载金额	税收金额	调增金额	调减金额
		1	2	3	4
24	12.不征税收入用于支出所形成的费用	*	*		*
25	其中：专项用途财政性资金用于支出所形成的费用（填写A105040）	*	*		*
26	13.跨期扣除项目				
27	14.与取得收入无关的支出		*		*
28	15.境外所得分摊的共同支出	*	*		*
29	16.其他				
30	三、资产类调整项目（31+32+33+34）	*	*		
31	1.资产折旧、摊销（填写A105080）				
32	2.资产减值准备金				
33	3.资产损失（填写A105090）				
34	4.其他				
35	四、特殊事项调整项目（36+37+38+39+40）	*	*		
36	1.企业重组（填写A105100）				
37	2.政策性搬迁（填写A105110）	*	*		
38	3.特殊行业准备金（填写A105120）				
39	4.房地产开发企业特定业务计算的纳税调整额（填写A105010）	*			
40	5.其他	*	*		
41	五、特别纳税调整应税所得	*	*		
42	六、其他	*	*		
43	合计（1+12+30+35+41+42）	*	*		

项目综合练习

一、单项选择题（在每小题列出的四个选项中，只有一项符合题目要求，请将符合题目要求的选项选出）

1.符合条件的小型微利企业适用的企业所得税税率是（　　　）。

A.10%　　　　　　　B.15%　　　　　　　C.20%　　　　　　　D.25%

2.按15%的优惠税率征收企业所得税的是（   ）。

A.小型微利企业　　B.高新技术企业　　C.节能环保企业　　D.非居民企业

3.下列收入中，属于企业所得税不征税收入的是（   ）。

A.转让财产收入　　　　　　　　B.财政拨款收入

C.国债利息收入　　　　　　　　D.财产租赁收入

4.企业安置人员方面，允许在按照支付工资据实扣除的基础上，按照支付工资的100%加计扣除。该规定的适用人员是（   ）。

A.残疾人员　　　　B.两劳释放人员　　C.失业人员　　　　D.复员军人

5.某贸易公司2017年3月1日，以经营租赁方式租入固定资产使用，租期1年，共支付租金1.2万元。公司计算当年企业应纳税所得额时应扣除的租赁费用为（   ）。

A.1.0万元　　　　　B.1.2万元　　　　　C.1.5万元　　　　　D.2.7万元

6.某企业2017年产品销售收入2 000万元，营业外收入60万元，广告费开支240万元，计算企业所得税时广告费支出的调整情况为（   ）。

A.应调增应纳税所得60万元　　　B.应调减应纳税所得60万元

C.应调增应纳税所得54.5万元　　D.不用调整

7.纳税人在计算应纳税所得额时，不允许从收入总额中扣除的税金是（   ）。

A.增值税　　　　　B.消费税　　　　　C.资源税　　　　　D.城建税

8.某企业2017年度应纳税所得额为200万元，全年累计预缴税款36万元，该企业当年汇算清缴应补税款为（   ）。

A.14万元　　　　　B.50万元　　　　　C.4万元　　　　　D.6万元

二、多项选择题（在每小题列出的四个选项中，有两项或两项以上符合题目要求，请将符合题目要求的选项选出）

1.下列属于居民企业的是（   ）。

A.注册地或实际管理机构所在地其一在中国

B.小型微利企业适用20%的比例税率

C.高新技术企业适用15%的比例税率

D.小型微利企业适用10%的比例税率

2.下列关于企业所得税税率的表述中，正确的是（   ）。

A.企业所得税的基本税率为25%

B.小型微利企业适用２０％的比例税率

C.高新技术企业适用１５％的比例税率

D.小型微利企业适用１０％的比例税率

3.根据企业所得税法律制度的规定，下列各项中，属于不征税收入的是（   ）。

A.财政拨款

B.纳入财政管理的行政事业性收费

C.纳入财政管理的政府性基金

D.债务重组收入

4.下列收入属于企业所得税免税收入的是（   ）。

A.国债利息收入

B.财政拨款收入

C.符合条件的非营利组织的收入

D.符合条件的居民企业之间的股息、红利等权益性投资收益

5.在计算应纳税所得额时，下列项目不得扣除（　　　）。

A.企业所得税　　　　　B.税收罚款　　　　　C.赞助支出　　　　　D.工资支出

6.在计算企业所得税应纳税所得额时，不允许扣除的是（　　　）。

A.企业提供劳务发生的成本支出

B.企业缴纳的增值税税款

C.企业向投资者支付的股息、红利

D.企业缴纳的税收滞纳金

7.在企业所得税的税收优惠中，实行"免三减三"的项目有（　　　）。

A.国家重点扶持的公共基础设施项目

B.符合条件的环境保护、节能节水项目

C.符合条件的技术转让所得

D.农林牧渔业项目

8.现行《企业所得税法》规定的企业所得税的税收优惠方式包括（　　　）。

A.减免税　　　　　B.降低税率　　　　　C.减计收入　　　　　D.税额抵免

三、判断题（判断正误，正确的打"√"，错误的打"×"）

1.企业发生的直接捐赠支出，不得在计算应纳税所得额时扣除。（　　）

2.企业依照国家规定为职工缴纳的基本养老保险费、基本医疗保险费、失业保险费、工伤保险费、生育保险费等基本社会保险费和住房公积金，准予扣除，其中不包括商业保险费支出。（　　）

3.以融资租赁方式租入固定资产发生的租赁费支出，按照租赁期限均匀扣除。（　　）

4.非居民企业虽然在中国境内设立机构、场所但取得的所得与其所设机构、场所没有实际联系的，不征收企业所得税。（　　）

5.非金融企业向金融企业或非金融企业借款的利息支出，在计算应纳税所得额时，可以据实扣除。（　　）

6.企业发生的与生产经营活动有关的广告费支出，不超过当年销售（营业）收入的5‰的，可据实扣除。（　　）

7.企业购置用于环境保护、节能节水、安全生产等专用设备的投资额的10%可以从企业当年的应纳税额中抵免；当年不足抵免的，可以在以后5个纳税年度结转抵免。（　　）

8.企业解散或破产后的清算所得，不属于企业所得税的征税范围。（　　）

四、计算题（要求列出计算步骤，每步骤运算得数精确到小数点后两位）

1.福林木业公司2017年1月—12月共预缴企业所得税680万元。根据所得税汇算清

缴结果，有关资料如下：主营业务收入8 500万元，主营业务成本4 300万元，销售费用760万元，管理费用645万元，财务费用52万元，其他业务收入35万元，其他业务支出23万元，营业外收入115万元，营业外支出78万元，实际发生坏账损失24万元，取得政府专项资金56万元，取得租金收入20万元。假设各扣除项目的支出均符合税法规定的扣除标准，该公司适用企业所得税税率为25%。

要求：计算该公司2017年度应缴纳的企业所得税额。

2.友力电器公司为增值税一般纳税人，2017年发生相关业务如下：

（1）销售产品取得不含税收入8 000万元，获得债券利息收入240万元（其中国债利息收入60万元）；应扣除的销售成本为5 100万元，缴纳增值税600万元、城建税及教育费附加60万元。

（2）发生销售费用1 300万元，其中广告费1 230万元；发生财务费用200万元，其中支付向其他企业借款2 000万元的一年利息155万元（同期银行贷款利率为6%）；发生管理费用1 100万元，其中用于新产品研制而实际发生的研究开发费用400万元。

（3）发生营业外支出80万元，其中罚款支出9万元，通过民政局对希望工程捐款60万元。

要求：根据上述资料，计算该企业2017年度应纳企业所得税额。

3.临海市某净水公司，主要生产桶装纯净水，2017年度（2016年度税务机关认定亏损30万元）有关经营业务如下：

（1）销售桶装水取得主营业务收入8 600万元。

（2）出租设备取得其他业务收入200万元。

（3）取得营业外收入12万元。

（4）年底取得国债利息收入30万元，从一居民企业分回投资收益15万元。

（5）主营业务成本5 300万元。

（6）应缴纳增值税90万元，城建税及教育费附加9万元。

（7）销售费用1 650万元，其中广告费1 400万元、赞助支出29万元、其他销售费用221万元。

（8）管理费用400万元，其中业务招待费90万元、技术开发费250万元、差旅费用33万元、诉讼费27万元。

（9）财务费用80万元，其中利息支出78万元、现金折扣2万元。

（10）营业外支出300万元，其中直接向某职业学校捐款48万元、通过公益性社会团体向贫困山区捐款150万元、车辆罚款2万元、列支非正常净损失100万元。

（11）计入成本、费用中的实发工资540万元，发生工会经费15万元、职工福利费82万元、职工教育经费18万元。

要求：计算该公司2017年度应补（退）企业所得税额（企业已预缴企业所得税200万元）。

五、案例分析题

1.某自行车生产企业，2012年实现净利润-500万元，2013年实现净利润100万元，2014年实现净利润280万元，2015年实现净利润-50万元，2016年实现净利润100万元。2017年度该企业有关经营情况如下：全年实现产品销售收入5 000万元、其他业务收入20万元、投资收益20万元、营业外收入（捐赠收入）30万元；应结转产品销售成本3 000万元；应缴纳增值税90万元、消费税110万元、城市维护建设税14万元、教育费附加6万元；发生管理费用802万元（其中业务招待费90万元）；发生产品销售费用650万元（其中广告费490万元）；发生财务费用12万元；发生营业外支出70万元（其中因排污不当被环保部门罚款15万元）。

要求：根据以上材料，回答下列问题。

（1）该企业2017年取得的各项收入在计算企业所得税时属于免税收入的是（　　　　）。

A.捐赠收入　　　　　　　　　　　　B.产品销售收入

C.其他业务收入　　　　　　　　　　D.投资收益

（2）该企业2017年发生的各项支出准予在计算应纳税所得额时能够据实扣除的是（　　　　）。

A.增值税90万元　　　　　　　　　　B.消费税110万元

C.销售费用650万元　　　　　　　　D.环保部门罚款15万元

（3）根据《企业所得税法》的有关规定，该企业2012年发生的亏损可以用下一年度的所得弥补，下一年度的所得不足以弥补的，可以逐年延续弥补，但最长不得超过（　　　　）。

A.3年　　　　　　B.5年　　　　　　C.6年　　　　　　D.10年

（4）该企业2017年准予在计算应纳税所得额时扣除的业务招待费金额为（　　　　）。

A.25.1万元　　　　B.54万元　　　　C.90万元　　　　D.21.5万元

（5）该企业2017年应缴纳的企业所得税为（　　　　）。

A.161.975万元　　　B.116.475万元　　　C.98.975万元　　　D.89.975万元

2.某生产企业2017年全年实现营业收入1 200万元，营业成本560万元，缴纳税金及附加25万元，缴纳增值税50万元，投资收益8万元（其中国债利息收入4万元，金融债券利息收入4万元），营业外收入30万元，营业外支出85万元（包括非公益性捐赠50万元，因未代扣代缴个人所得税而被税务机关罚款5万元），管理费用250万元，财务费用120万元。该企业自行申报当年企业所得税是：应纳税所得额=1 200-560-75+8+30-85-250-120=148（万元），应纳企业所得税=148×25%=37（万元）。

要求：根据上述资料，从下列各题的备选答案中选出正确答案。

（1）计算该公司应纳税所得额时错误的是（　　　　）。

A.国债利息收入4万元属于免税收入，已计入应纳税所得额

B.金融债券利息收入4万元不属于免税收入，已计入应纳税所得额

C.缴纳增值税50万元，在计算应纳税所得额时扣除

D.被税务机关处以的罚款5万元在计算应纳税所得额时扣除

（2）下列计算正确的是（　　　　）。

A.利润总额为198万元　　　　　　　　B.利润总额为148万元

C.准予税前扣除的捐赠额为50万元　　　　D.准予税前扣除的捐赠额为0

（3）下列计算正确的是（　　　）。

A.应纳税所得额为148万元　　　　　　　　B.应纳税所得额为249万元

C.应纳税所得额为253万元　　　　　　　　D.应纳税所得额为297万元

（4）下列计算正确的是（　　　）。

A.应纳所得税额为74.25万元　　　　　　　B.应纳税所得额为63.25万元

C.应纳所得税额为62.25万元　　　　　　　D.应纳所得税额为37万元

（5）根据《企业所得税法》有关规定，纳税人在计算应纳税所得额时，允许扣除的税金有（　　　）。

A.消费税　　　　　　B.城建税　　　　　　C.印花税　　　　　　D.增值税

项目五　个人所得税的计算与缴纳

知识框架

认识个人所得税
- 一、个人所得税概述
  - 1. 概念
  - 2. 特征
- 二、个人所得税的主要法律规定
  - 1. 纳税义务人
  - 2. 征税范围：11 个
  - 3. 税率：超额累进税率和比例税率

个人所得税的计算
- 一、11 项应税所得及应纳税额的计算
- 二、个人所得税的优惠政策
- 三、个人所得税境外所得的税额扣除
- 四、个人所得税涉及个人进行公益性捐赠的规定

个人所得税的缴纳
- 一、纳税时间
- 二、纳税期限
- 三、纳税地点
- 四、纳税申报：自行申报纳税、代扣代缴纳税

任务5.1　认识个人所得税

重点难点

1.个人所得税的纳税义务人。

2.个人所得税的11项应税所得。

学习指导

1.根据住所和居住时间，判断居民纳税人和非居民纳税人，是计算个人所得税的基础。

2.熟记11项应税所得的具体内容，借以判断哪些个人所得应缴纳个人所得税，应按何种所得纳税。

同步练习

一、单项选择题（在每小题列出的四个选项中，只有一项符合题目要求，请将符合题目要求的选项选出）

1.下列属于我国税法规定的个人所得税纳税义务人的是（　　　）。

A.有限责任公司　　　　　　　　B.股份有限公司

C.国有大中型企业　　　　　　　D.个人独资企业

2.我国《个人所得税法》规定的居民纳税义务人应当缴纳个人所得税的应税所得包括（　　）所得。

A.来源于中国境内的　　　　　　B.来源于中国境外的

C.来源于中国境内和境外的　　　D.中国境内企事业单位支付的

3.下列所得中，属于劳务报酬所得的是（　　　）。

A.个人独立从事制图取得的所得

B.教师为受雇任职学校讲课取得的所得

C.临时工为单位安装作业取得的所得

D.雇员取得的年终劳动分红

4.下列各项所得不能按个体工商户生产经营所得项目征税的是（　　　）。

A.个人因从事彩票代销业务取得的所得

B.个体工商户对外投资取得的股利

C.个人独资企业的投资者的所得

D.私人开的诊所的所得

5.红利，也称公司（企业）分红，是指股份有限公司或企业根据应分配的利润分配超过股息部分的利润。对红利所得计征个人所得税应按（　　　）。

A.偶然所得   B.特许权使用费所得

C.财产转让所得   D.利息、股息、红利所得

6.下列各项所得中，适用于加成征税规定的是（　　　）。

A.个体工商业户的生产经营所得   B.劳务报酬所得

C.稿酬所得   D.特许权使用费所得

7.根据个人所得税法律制度的规定，转让土地使用权取得所得适用的税目是（　　　）。

A.财产转让所得   B.特许权使用费所得

C.劳务报酬所得   D.偶然所得

8.经有关部门批准，王医生开办了一家私人诊所，其取得的医疗收入应缴纳个人所得税，属于（　　　）。

A.工资薪金所得   B.劳务报酬所得

C.个体工商户的生产经营所得   D.其他所得

9.某画家8月将其精选的书画作品交由某出版社出版，从出版社取得报酬10万元。该笔报酬在缴纳个人所得税时适用的税目是（　　　）。

A.劳务报酬所得   B.工资薪酬所得   C.稿酬所得   D.特许使用费所得

10.某大学研究生2017年10月利用业余时间帮助其导师翻译书稿取得收入6 000元。该笔报酬在缴纳个人所得税时适用的税目是（　　　）。

A.工资薪金所得   B.劳务报酬所得

C.稿酬所得   D.特许权使用费所得

二、多项选择题（在每小题列出的四个选项中，有两项或两项以上符合题目要求，请将符合题目要求的选项选出）

1.稿酬所得是指个人因其作品出版、发表而取得的所得，包括以下各种形式（　　　）。

A.图书   B.报刊   C.字画   D.翻译

2.下列所得应按特许权使用费所得征收个人所得税的是（　　　）。

A.专利权   B.著作权   C.稿酬   D.非专利技术

3.下列项目中，属于劳务报酬所得的是（　　　）。

A.发表论文取得的报酬

B.到某高校讲学取得的报酬

C.将国外的作品翻译出版取得的报酬

D.高校教师受出版社委托进行审稿取得的报酬

4.某画家2017年8月将其精选的书画作品交由某出版社出版，从出版社取得报酬10万元。2018年初该书版权又被出版社买断，获得报酬38万元。该画家在缴纳个人所得税时适用的税目是（　　　）。

A.特许权使用费所得   B.劳务报酬所得

C.稿酬所得　　　　　　　　　　　D.工资薪金所得

5.我国个人所得税的税率形式包括两类，即（　　　）。

A.超额累进税率　　B.超率累进税率　　C.定额税率　　　　D.比例税率

6.我国《个人所得税法》中适用20%比例税率的所得项目包括（　　　）。

A.财产租赁所得　　B.财产转让所得　　C.偶然所得　　　　D.其他所得

7.我国《个人所得税法》中适用五级超额累进税率的所得项目包括（　　　）。

A.个体工商户的生产经营所得

B.对企事业单位的承包经营、承租经营所得

C.个人独资企业和合伙企业的生产经营所得

D.劳务报酬所得

8.根据《个人所得税法》规定，下列各项中，属于居民纳税人的是（　　　）。

A.在中国境内有住所的个人

B.在中国境内无住所而在境内居住满1年的个人

C.在中国境内无住所又不居住的个人

D.在中国境内无住所而在中国境内居住不满1年的个人

9.下列个人所得在计算应纳税所得额时，采用定额与定率相结合扣除费用的是（　　　）。

A.劳务报酬所得　　　　　　　　　B.稿酬所得

C.特许权使用费所得　　　　　　　D.财产租赁所得

10.下列各项所得中，按期计算个人所得税的是（　　　）。

A.劳务报酬所得　　　　　　　　　B.对企事业单位的承包、承租经营所得

C.利息股息红利所得　　　　　　　D.工资薪金所得

三、判断题（判断正误，正确的打"√"，错误的打"×"）

1.某日本公民于2016年1月2日至2017年12月31日在中国境内工作，该日本公民不是我国个人所得税的居民纳税人。　　　　　　　　　　　　　　　（　　）

2.我国《个人所得税法》判定居民纳税义务人和非居民纳税义务人时的住所标准是指习惯性住所。　　　　　　　　　　　　　　　　　　　　　　　（　　）

3.在超额累进税率下，纳税人的所得额越高，超额所得部分适用的税率就越高。

（　　）

4.独资企业和合伙企业需要先缴纳企业所得税，再计算缴纳个人所得税。（　　）

5.个人所得税的征税对象不仅包括个人，还包括具有自然人性质的企业。（　　）

6.个人取得的工资所得按月征收个人所得税，个人取得的劳务报酬所得按年征收个人所得税。　　　　　　　　　　　　　　　　　　　　　　　　　（　　）

7.张教授利用业余时间为某城市打造城市名片搜集历史资料，取得收入应按稿酬所得缴纳个人所得税。　　　　　　　　　　　　　　　　　　　　　　（　　）

8.股息所得缴纳个人所得税的应纳税所得额为每次收入额减去20%的费用。

（　　）

9.个人所得税的纳税义务人不包括在中国境内无住所且在境内居住不满一年的

个人。　　　　　　　　　　　　　　　　　　　　　　　　（　　）

10.对个人一次取得劳务报酬，其应纳税所得额超过 20 000 元的，可以实行加成征收。　　　　　　　　　　　　　　　　　　　　　　　　　（　　）

任务5.2　个人所得税的计算

重点难点

1.个人所得税应纳税所得额的确定。
2.个人所得税应纳税额的计算。
3.个人所得税的税收优惠。
4.个人所得税境外所得的税额扣除和公益性捐赠扣除的计算。

学习指导

1.熟记个人所得税 11 项应税所得的计算公式。
2.确定个人应税所得额，关键要掌握费用的减除标准，是个人所得税最重要的内容。
3.个人所得税的税收优惠较多地出现在客观题中，学习时应了解各免税项目、减税项目、暂免征税的具体规定。
4.结合企业所得税，学习个人所得税的境外所得的税额扣除。

同步练习

一、单项选择题（在每小题列出的四个选项中，只有一项符合题目要求，请将符合题目要求的选项选出）

1.王老师 2017 年 10 月取得工资、薪金所得 6 000 元，假设当月王老师无其他所得，则王老师 10 月应缴纳个人所得税（　　）。

A.145 元　　　　　B.475 元　　　　　C.645 元　　　　　D.1 040 元

2.个人所得税劳务报酬所得计算应纳税所得额时，费用扣除标准为（　　）。

A.当每次收入不足 4 000 元时，允许从收入中扣除 800 元的费用，当每次收入在 4 000 元以上时，允许从收入中扣除收入的 20%

B.当每次收入不足 4 000 元时，不允许从收入中扣除费用，当每次收入在 4 000 元以上时，允许从收入中扣除收入的 20%

C.当每次收入不足 4 000 元时，允许从收入中扣除 800 元的费用，当每次收入在 4 000 元以上时，允许从收入中扣除收入的 30%

D.当每次收入不足 4 000 元时，允许从收入中扣除 1 000 元的费用，当每次收入在 4 000 元以上时，允许从收入中扣除收入的 20%

3.某中国公民，因向甲出版社投稿，一次性获得稿酬收入 3 000 元，则其计算缴纳个人所得税时，稿酬所得的应纳税所得额为（　　　）。

A.600 元　　　　　　　B.1 000 元　　　　　　C.2 200 元　　　　　　D.2 000 元

4.计算个人股息、利息、红利所得的应纳税所得额时，允许每次从收入中扣除的费用为（　　　）。

A.800 元　　　　　　　B.1 000 元　　　　　　C.0 元　　　　　　D.收入的 20%

5.下列所得免征个人所得税的是（　　　）。

A.股息所得　　　　　　　　　　　B.红利所得

C.企业债券利息所得　　　　　　　D.个人储蓄存款的利息所得

6.对企事业单位的承包经营、承租经营所得计算应纳税所得额时，允许减除的必要费用为（　　　）。

A.3 500 元/月　　　　B.2 000 元/月　　　　C.3 500 元/年　　　　D.200 元/年

7.高级工程师王先生 2017 年 9 月从 A 国取得特许权使用费收入 20 000 元，该收入在 A 国已纳个人所得税 3 000 元；同时从 A 国取得利息收入 1 400 元，该收入在 A 国已纳个人所得税 300 元。该工程师当月应在我国补缴个人所得税（　　　）。

A.0 元　　　　　　　B.180 元　　　　　　C.200 元　　　　　　D.280 元

8.李先生 2017 年 8 月将房屋出租给张先生居住，取得租金收入 4 500 元，支付的相关税费为 200 元，当月发生修缮费 1 000 元，李先生当月应缴纳的个人所得税是（　　　）。

A.270 元　　　　　　B.688 元　　　　　　C.540 元　　　　　　D.720 元

9.李女士参加商场抽奖活动，中奖取得 2 500 元的所得，李女士应纳的个人所得税为（　　　）。

A.500 元　　　　　　B.340 元　　　　　　C.400 元　　　　　　D.300 元

10.根据个人所得税法律制度的规定，下列各项中应该减按 10% 的税率计算征收个人所得税的是（　　　）。

A.李老师将自有的房屋用于出租给个人居住，取得租金收入

B.张经理取得的股息红利收入 2 000 元

C.李教授将自己居住 2 年的一幢别墅转让，取得收入 100 万元

D.陈先生参与商场抽奖，中奖取得所得 2 000 元

二、多项选择题（在每小题列出的四个选项中，有两项或两项以上符合题目要求，请将符合题目要求的选项选出）

1.依据个人所得税的相关法律规定，下列有关个体工商户计算缴纳个人所得税的表述中，正确的有（　　　）。

A.个体户业主的费用扣除标准为 3 500 元/月

B.每一纳税年度发生的与其生产经营业务直接相关的业务招待费支出，不超过当年销售（营业）收入 0.5% 的部分，可据实扣除，超过的部分，不得扣除

C.每一纳税年度发生的广告费和业务宣传费不超过当年销售（营业）收入15%的部分，可据实扣除，超过部分，准予在以后纳税年度结转扣除

D.借款利息支出，不高于按金融机构同类、同期贷款利率计算的数额的部分，准予扣除

2.下列项目中计征个人所得税时，允许从总收入中减除费用800元的有（   ）。

A.承租、承包所得

B.外企中方雇员的工资薪金所得

C.提供咨询服务一次取得收入2 000元

D.出租房屋收入3 000元

3.陈女士出租房屋取得财产租赁收入在计算个人所得税时，可扣除的费用包括（   ）。

A.租赁过程中陈女士缴纳的房产税

B.根据收入高低使用800或收入20%的费用扣除标准

C.陈女士支付的该出租财产的修缮费用

D.租赁过程中陈女士缴纳的教育费附加和印花税

4.下列各项个人所得中，应当征收个人所得税的是（   ）。

A.企业集资利息   B.从股份公司取得股息

C.企业债券利息   D.国家发行的金融债券利息

5.依据个人所得税的相关法律规定，下列捐赠支出中准予在计算应纳税所得额时全额扣除的是（   ）。

A.个人通过宋庆龄基金会用于公益救助的捐赠

B.个人通过国家机关对贫困地区的捐赠

C.个人通过国家机关对严重自然灾害地区的捐赠

D.个人通过中国教育发展基金会用于公益救济的捐赠

6.在计算个体工商业户的生产经营所得时，不得在所得税前列支的项目有（   ）。

A.各种赞助支出   B.个体户业主的工资支出

C.财产保险支出   D.缴纳的个人所得税

7.财产转让所得中可扣除的费用是（   ）。

A.必要费用的扣除，即定额扣800元或20%的费用

B.财产原值

C.合理费用

D.所计提的折旧

8.根据个人所得税法律制度的规定，下列各项所得中在计算个人所得税时不能扣除任何费用的有（   ）。

A.利息、股息、红利所得   B.特许权使用费所得

C.偶然所得   D.稿酬所得

9.根据个人所得税法律制度的规定，下列各项中免征或暂免征收个人所得税的有（   ）。

A.外籍个人取得的探亲费

B.个人举报违法犯罪行为获得的奖金

C.个人购买体育彩票，中奖5 000元

D.民政部门支付给个人的救济金以及抚恤金

10.根据个人所得税法律制度的规定，下列项目中计征个人所得税时需要从总收入中减除20%费用的有（　　）。

A.王老师在中海大学兼职讲学，取得5 000元的收入

B.作家李教授出版其作品，取得稿酬收入8 000元

C.张医生将自有的房产出租，每月取得租金2 000元

D.孙先生将自己拥有的一项专利权转让给他人使用，取得12 000元的所得

三、判断题（判断正误，正确的打"√"，错误的打"×"）

1.在中国境内有住所的纳税人取得的全年一次性奖金应单独作为1个月工资、薪金所得计算纳税。　　　　　　　　　　　　　　　　　　　　　（　　）

2.职工个人取得的半年奖应与当月的工资、薪金所得分开计税。　　（　　）

3.个人兼有不同的劳务报酬所得，应当分别减除费用，计算缴纳个人所得税。
　　　　　　　　　　　　　　　　　　　　　　　　　　　　　　（　　）

4.张师傅承揽一项房屋装饰工程，工程两个月完工。房主李先生第1个月支付给张师傅15 000元，第2个月支付20 000元。张师傅应缴纳个人所得税6 400元。（　　）

5.根据《中华人民共和国个人所得税法》规定，纳税人从中国境外取得的所得，准予其在应纳税额中据实扣除已在境外缴纳的个人所得税。　　　　　　　（　　）

6.对个人转让自用达5年以上的家庭居住用房取得的所得，可以免纳个人所得税。
　　　　　　　　　　　　　　　　　　　　　　　　　　　　　　（　　）

7.对个人购买福利彩票、赈灾彩票、体育彩票，一次性中奖收入在1万元以下的（含1万元）暂免征收个人所得税，超过1万元的，按超出部分计算征收个人所得税。
　　　　　　　　　　　　　　　　　　　　　　　　　　　　　　（　　）

8.个人独资企业的投资者以全部生产经营所得为应纳税所得额。　　（　　）

9.个人对企事业单位承包、承租经营后，工商登记仍为企业的，个人取得的所得应当按照"承包、承租经营所得"计算缴纳个人所得税。　　　　　　　（　　）

10.国债和国家发行的金融债券的利息属于个人所得税的免税项目。（　　）

四、计算题

1.大学教授李某2017年9月取得如下收入：

（1）工资收入6 900元。

（2）一次性稿费收入5 000元。

（3）一次性讲学收入500元。

要求：计算李某9月应纳个人所得税税额。

2.中国公民顾女士2017年取得的2项收入如下：

（1）2017年8—12月，每月参加文艺演出一次，每次收入20 000元。

（2）取得中彩收入50 000元，当场通过社会团体向教育机构捐赠30 000元。

要求：计算顾女士2017年应缴纳的个人所得税税额。

3.2017年9月某研究所张教授和李教授将研究的专利对外转让，取得收入10万元，张教授分得4万元，李教授分得6万元，李教授将其中的2万元通过国内团体捐赠给四川贫困地区。

要求：计算张教授和李教授应缴纳的个人所得税税额。

4.中国公民史女士2018年1月工资收入3 000元，同时领取上年12个月的奖金72 000元。

要求：计算其1月应纳的个人所得税税额。

5.江苏省某个体工商业户2017年全年收入300 000元，税法允许扣除的费用为60 000元（不包括工资费用）；雇工3人，雇工每人每月工资2 000元。

要求：计算该个体工商业户全年应纳个人所得税额。

五、案例分析题

1.画家黄某为自由职业者，自己开了一家书画店，取得个体工商户营业执照。黄某2017年收入如下：

（1）被某电视台春节文艺晚会组聘为顾问，取得顾问费4 000元。

（2）在某美术学院油画专业兼课，每月取得课酬800元。

（3）出版个人作品集，取得收入30 000元。

（4）书画店全年销售额90 000元，应扣除的进货成本、税金、费用合计为60 000元。

要求：根据以上材料，选择下列符合题意的选项：

（1）黄某取得的顾问费应缴纳个人所得税（　　）。

A.960元　　　　　　B.640元　　　　　　C.175元　　　　　　D.800元

（2）关于黄某兼课取得的酬金缴纳个人所得税的说法正确的是（　　）。

A.属于劳务报酬所得，应按次纳税

B.属于工资薪金所得，应按月纳税

C.黄某每月取得的酬金不超过800元，不用缴纳个人所得税

D.黄某应缴纳个人所得税160元

（3）黄某出版个人作品集取得的收入应缴纳个人所得税（　　）。

A.2 240元　　　　　B.2 420元　　　　　C.3 360元　　　　　D.1 600元

（4）黄某经营书画店取得的收入应缴纳个人所得税（　　）。

A.4 250元　　　　　B.3 250元　　　　　C.2 250元　　　　　D.3 000元

（5）黄某本年度应纳个人所得税额合计（　　）。

A.6 250元　　　　　B.8 350元　　　　　C.5 250元　　　　　D.4 250元

2.中国居民张三是一国有企业员工，其2017年9月的收入情况如下：

（1）取得工资薪金收入8 000元／月。

（2）工作之余发表文章一次性取得稿酬收入3 000元。

（3）为其他单位提供技术咨询，取得一次性个人劳务报酬7 000元。

（4）彩票中奖200 000元。

要求：根据上述资料，回答下列问题。

（1）2017年9月，工资张三薪金个人所得税应纳税额是（　　　）。

A.325元　　　　　　B.1 045元　　　　　　C.345元　　　　　　D.750元

（2）下列关于计算张三稿酬收入个人所得税的说法正确的是（　　　）。

A.税率是20%，减征20%

B.应纳税所得额是2 400元

C.应纳税所得额是2 200元

D.实际税负是14%

（3）张三劳务报酬收入个人所得税（　　　）。

A.比例税率为20%，若每次应纳税所得额超过30 000元，有加成规定

B.比例税率为20%，若每次应纳税所得额超过20 000元，有加成规定

C.应纳税所得额为6 200元

D.应纳税所得额为5 600元

（4）关于张三彩票中奖，下列说法正确的是（　　　）。

A.属于偶然所得

B.按收入全额计算税款，没有费用扣除额

C.按20%计算所得税额，应纳税额为4万元

D.先扣除20%，再按20%计算所得税额，应纳税额为3.2万元

（5）下列关于张三个人所得税申报的说法中，正确的有（　　　）。

A.张三的个人所得税应当由其支付人作为扣缴义务人

B.张三应当在当年度结束后执行12万元以上年所得的申报

C.张三在年所得12万元以上申报时应当补缴尚未缴纳的税款

D.张三应当在2018年3月末之前申报全年应纳个人所得税额

任务5.3　个人所得税的缴纳

◆ 重点难点

1.个人所得税自行申报纳税和代扣代缴申报纳税。

2.个人所得税纳税申报表的填制。

◆ 学习指导

1.熟记个人所得税自行申报纳税和代扣代缴纳税的纳税人、申报期限、申报地点。会判断哪些个人应自行申报纳税，哪些应代扣代缴纳税，在哪纳税，以什么期限纳税。

2.结合实例，根据填表说明及表与附表之间的勾稽关系，掌握纳税申报表的填报。

填报时一定要冷静分析，认真仔细。

同步练习

一、单项选择题（在每小题列出的四个选项中，只有一项符合题目要求，请将符合题目要求的选项选出）

1.工资薪金所得的应纳税额，按月计征的，由纳税人缴入国库的时间是在次月的（   ）。

A.5日内   B.15日内

C.10日内   D.7日内

2.下列所得中，不采用代扣代缴方式征收个人所得税的是（   ）。

A.劳务报酬所得

B.稿酬所得

C.偶然所得

D.个体工商户的生产经营所得

3.代扣代缴的个人所得税由扣缴义务人申报解缴税款，主管税务机关是（   ）。

A.生产经营地主管税务机关

B.机构所在地主管税务机关

C.住所地主管税务机关

D.机构所在地或住所地主管税务机关

4.个体工商户申报纳税的主管税务机关是（   ）。

A.户口所在地主管税务机关

B.实际经营所在地主管税务机关

C.机构所在地或住所地主管税务机关

D.经常居住地主管税务机关

5.个体工商户的生产经营所得的应纳税额的缴纳方法是（   ）。

A.代扣代缴

B.按月纳税

C.按季纳税

D.按年计算、分月预缴，年终汇算清缴，多退少补

6.根据《个人所得税法》，我国个人所得税的征收方式是（   ）。

A.由税务机关上门征收

B.由个人自行申报

C.个人自行申报和代扣代缴相结合

D.由单位代扣代缴

二、多项选择题（在每小题列出的四个选项中，有两项或两项以上符合题目要求，请将符合题目要求的选项选出）

1.依据个人所得税法律制度的规定，下列各项中，纳税人应当自行申报缴纳个人所

得税的有（　　　）。

A.年所得 12 万元以上的

B.从中国境外取得所得的

C.取得应税所得没有扣缴义务人的

D.从中国境内两处取得工资、薪金所得的

2.根据个人所得税法律制度的规定，下列情形中需要自行申报纳税的是（　　　）。

A.2017 年李女士取得年所得 10 万元

B.张董事在甲公司任职，被派遣到境外的分公司工作取得境外所得 60 000 元

C.于经理在境内的甲、乙两家公司兼职，取得了 2 份劳务报酬所得

D.王师傅从境外取得特许权转让所得 100 万元

3.个人所得税纳税期限可以是（　　　）。

A.从境外取得所得的居民纳税人，在纳税年度终了后 30 日内

B.代扣代缴义务人，为扣缴税款的次月 15 日内

C.生产经营所得实行按年计算、分月预计的，在次月 15 日内预缴，年度终了后 3 个
月内汇算清缴，多退少补

D.在一年内分次取得承包、承租经营所得的纳税人，为每次取得收入后 7 日内预
缴，年度终了后 4 个月内汇算清缴，多退少补

4.根据个人所得税法律制度的规定，下列关于自行申报纳税期限的说法正确的是
（　　　）。

A.对年终一次性取得承包经营、承租经营所得的，自取得收入之日起 30 日内申报
纳税

B.对账册健全的个体工商户，其纳税期限实行按年计算、分月预缴，并在次月 15
日内申报预缴，年终后 3 个月汇算清缴，多退少补

C.年所得 12 万元以上的纳税义务人，在年度终了后 3 个月内到主管税务机关办理纳
税申报

D.从境外取得所得按所得来源国税法规定免予缴纳个人所得税的，应当在取得所
得之日起 30 日内向主管税务机关申报纳税

5.年所得 12 万元以上的纳税人，有关个人所得税纳税申报地点的规定正确的是
（　　　）。

A.在中国境内有任职、受雇单位的，向任职、受雇单位所在地主管地税机关
申报

B.在中国境内无任职、受雇单位，年所得项目中有个体工商户的生产、经营所得或
者对企事业单位的承包经营、承租经营所得（以下统称生产、经营所得）的，
向其中一处实际经营所在地主管地税机关申报

C.在中国境内无任职、受雇单位，年所得项目中无生产、经营所得的，向户籍所在
地主管地税机关申报

D.在中国境内有户籍，但户籍所在地与中国境内经常居住地不一致的，选择并固
定向其中一地主管地税机关申报；在中国境内没有户籍的，向中国境内经常居

住地主管地税机关申报

6.个人所得税的扣缴义务人可以是以下单位（ ）。

A.企事业单位　　　　B.社团组织　　　　　C.驻华机构　　　　　D.个体户

7.个人取得下列所得，应自行申报纳税的包括（ ）。

A.分笔取得属于一次报酬的

B.从中国境内两处或者两处以上取得劳务报酬所得的

C.年所得12万元以上的

D.取得所得，没有扣缴义务人的

8.下列关于我国现行个人所得税的表述中正确的是（ ）。

A.实行的是综合所得税制

B.累进税率和定额税率并用

C.实行的是分类所得税制

D.采取自行申报和代扣代缴两种征收方法

三、判断题（判断正误，正确的打"√"，错误的打"×"）

1.某税务代理公司为客户计算出某月应扣缴个人所得税款后，应在当月7日内缴入国库。（ ）

2.纳税人从两处或两处以上取得工资、薪金所得的，应在两地税务机关分别申报纳税。（ ）

3.纳税人当年取得所得12万元以上的，按规定于次年3月底前向主管税务机关申报年度全部所得。（ ）

4.纳税人不得随意变更纳税申报地点，因特殊情况变更纳税申报地点的，须报原主管税务机关备案。（ ）

5.单位向本单位个人支付应税所得时，应代扣代缴个人所得税；向外单位个人支付应税所得时，不用扣缴个人所得税。（ ）

四、实训题

（一）实训目的

掌握个人所得税中工资薪金所得、劳务报酬所得、稿酬所得应纳个人所得税税额的计算。

（二）实训资料

某大学李教授2017年9月份收入如下：

（1）工资收入6 300元，并按规定扣缴个人所得税。

（2）李教授取得稿酬4 500元。

（3）李教授应本市科技公司邀请于本月到该公司授课3次，分别取得讲课酬金1 500元、1 000元和2 000元，均未扣缴税款。

（三）实训要求

计算李教授应缴纳的个人所得税并填写纳税申报表（见附表一）。

附表一

扣缴个人所得税报告表

税款所属期: 自 年 月 日 至 年 月 日

扣缴义务人名称:

扣缴义务人编码: □□□□□□□□□□□□□□□

扣缴义务人所属行业: □一般行业 □特定行业月份申报

金额单位: 人民币元 (列至角分)

序号	姓名	身份证件类型	身份证件号码	所得项目	所得期间	收入额	免税所得	税前扣除项目								减除费用	准予扣除的捐赠额	应纳税所得额	税率%	速算扣除数	应纳税额	减免税额	应扣缴税额	已扣缴税额	应补(退)税额	备注
								基本养老保险费	基本医疗保险费	失业保险费	住房公积金	财产原值	允许扣除的税费	其他	合计											
1	2	3	4	5	6	7	8	9	10	11	12	13	14	15	16	17	18	19	20	21	22	23	24	25	26	27
合 计																										

谨声明: 此扣缴报告表是根据《中华人民共和国个人所得税法》及其实施条例和国家有关税收法律规定填写的, 是真实的、完整的、可靠的。

法定代表人 (人) 签字:

代理机构:
经办人:
经办人执业证件号码:
代理申报日期: 年 月 日

主管税务机关受理专用章:
受理人:
受理日期: 年 月 日

扣缴义务人公章:
经办人:

填表日期: 年 月 日

国家税务总局监制

项目综合练习

一、单项选择题（在每小题列出的四个选项中，只有一项符合题目要求，请将符合题目要求的选项选出）

1.居民纳税人是指在中国境内有住所或者无住所而在境内居住满（　　）。

A.180日　　　　　　B.200日　　　　　　C.360日　　　　　　D.365日

2.下列所得不征个人所得税的是（　　）。

A.职工取得单位发放的奖金　　　　　　B.个体户取得的经营收入

C.独生子女补贴　　　　　　D.劳务报酬所得

3.以下属于工资薪金所得的项目有（　　）。

A.托儿补助费　　B.劳动分红　　C.投资分红　　D.独生子女补贴

4.个人将其所得用于对教育事业和其他公益事业的捐赠，可在税前扣除的比例是其捐赠额未超过应纳税所得额的（　　）。

A.3%　　　　　　B.10%　　　　　　C.20%　　　　　　D.30%

5.下列所得应缴纳个人所得税的是（　　）。

A.离退休工资　　B.国债利息　　C.企业债券利息　　D.保险赔款

6.凤凤是我市话剧演员，一次走穴演出获得表演收入80 000元，其应纳个人所得税额为（　　）。

A.16 000元　　　　B.19 200元　　　　C.12 800元　　　　D.18 600元

7.下列各项中以每次收入额为应纳税所得额的是（　　）。

A.特许权使用费所得　　　　　　B.劳务报酬所得

C.利息、股息、红利所得　　　　　　D.财产转让所得

8.《个人所得税法》规定，自行申报纳税时在中国境内两处或两处以上取得应纳税所得的，其纳税地点的选择是（　　）。

A.收入来源地　　　　　　B.税务局指定地点

C.纳税人户籍所在地　　　　　　D.纳税人选择一地申报纳税

9.下列所得项目中，属于一次收入畸高而要加成征收个人所得税的是（　　）。

A.稿酬所得　　　　　　B.利息、股息、红利所得

C.偶然所得　　　　　　D.劳务报酬所得

10.高级工程师徐先生2017年8月从美国取得特许权使用费收入20 000元，该收入在美国已纳个人所得税3 000元。该工程师当月应在我国补缴个人所得税（　　）。

A.0元　　　　　　B.180元　　　　　　C.200元　　　　　　D.280元

二、多项选择题（在每小题列出的四个选项中，有两项或两项以上符合题目要求，请将符合题目要求的选项选出）

1.个人所得税纳税人区分为居民纳税义务人和非居民纳税义务人，依据标准有（　　）。

A.境内有无住所　　　　　　B.境内工作时间

C.取得收入的工作地   D.境内居住时间

2.个人所得税是世界各国普遍征收的一个税种，但各国的个人所得税规定有所不同。下列表述中属于我国现行个人所得税特点的是（   ）。

A.实行的是综合所得税制

B.累进税率和比例税率并用

C.实行的是分类所得税制

D.采取源泉代扣制和个人自行申报制两种征收办法

3.下列各项所得中，适用超额累进税率计算个人所得税的是（   ）。

A.财产转让所得   B.工资薪金所得

C.个体工商户生产经营所得   D.劳务报酬所得

4.2017年12月中国公民侯先生取得工资薪金收入5 500元、全年一次性奖金15 000元，从兼职的甲公司取得收入3 000元。关于侯先生2017年12月个人所得税的处理中，正确的是（   ）。

A.兼职收入应并入当月工资薪金纳税

B.全年一次性奖金应并入12月工资纳税

C.全年一次性奖金应单独作为一个月的工资纳税

D.侯先生当月共应缴纳个人所得税985元

5.下列说法正确的是（   ）。

A.个人购买国库券取得的利息不需缴纳个人所得税

B.居民纳税人从中国境内和境外取得的所得，应当分别计算应纳税额

C.个人取得的应税所得只包括现金和有价证券，而不包括实物

D.个人取得年终一次性奖金应单独作为一个月的工资薪金并按照有关规定计算缴纳个人所得税

6.采用按次征税的个人所得项目是（   ）。

A.工资、薪金所得   B.劳务报酬所得

C.财产租赁所得   D.其他所得

7.在确定个人应纳税所得额时，可以采用比例扣除20%费用的所得项目是（   ）。

A.在4 000元以上的特许权使用费所得

B.在4 000元以上的财产转让所得

C.在4 000元以上的劳务报酬所得

D.在4 000元以上的稿酬所得

8.在计算缴纳个人所得税时，个人通过非营利性的社会团体和国家机关进行的公益性捐赠，准予在应纳税所得额中全额扣除的是（   ）。

A.向红十字事业捐赠   B.向农村义务教育捐赠

C.向贫困山区捐赠   D.公益性青少年活动场所

9.退休职工田某2017年8月的收入中，不需要缴纳个人所得税的有（   ）。

A.提取住房公积金61 000元

B.给某公司提供咨询取得咨询费1 200元

C.个人转让自用达5年以上的唯一住房取得的所得

D.保险赔款2 000元

10.下列属于劳务报酬所得的是（   ）。

A.笔译翻译收入   B.审稿收入

C.现场拍卖本人的书画作品收入   D.雕刻收入

11.根据个人所得税法律制度的规定，下列各项在计算应纳所得税额时按照定额与比例相结合的方法扣除费用的是（   ）。

A.劳务报酬所得

B.特许权使用费所得

C.企事业单位的承包、承租经营所得

D.财产转让所得

12.下列应税项目中，在计算应纳税所得额时，允许扣除费用的是（   ）。

A.设计费6 000元   B.承包所得4 000元

C.偶然所得3 000元   D.财产转让收入50 000元

三、判断题（判断正误，正确的打"√"，错误的打"×"）

1.个人所得税区别不同所得项目分别适用超额累进税率和比例税率计算税款。
（   ）

2.现行税法规定，"工资、薪金所得"适用5%~45%的九级超额累进税率。（   ）

3.工资、薪金所得应缴纳的个人所得税按月计征，由扣缴义务人或纳税人在次月7日内缴入国库。
（   ）

4.个人将其应税所得全部用于公益救济性捐赠的，可不承担缴纳个人所得税义务。
（   ）

5.阑珊市歌星卢某取得一次劳务报酬2.4万元，对此应实行加成征收办法计算个人所得税。
（   ）

6.对个人购买符合规定的商业健康保险产品的支出，允许在当年（月）计算应纳税所得额时予以税前扣除，扣除限额为2 400元/年（200元/月）。
（   ）

7.李师傅承包某单位商店，按承包协议规定，其向发包方每年支付承包费10万元后，一切经营成果均归李师傅所有。对李师傅取得的所得应按照"工资、薪金所得"项目计算缴纳个人所得税。
（   ）

8.刘教授2017年9月在大学就环保问题进行演讲，获演讲费3 000元；同时为一家企业从事绿色工程咨询活动，获得咨询费5 000元，则刘教授应缴个人所得税1 240元。
（   ）

9.从两处或两处以上取得工资、薪金所得的个人，需选择并固定在其中一处向税务机关自行申报纳税。
（   ）

10.个人从单位退休后，领取的退休工资，数额较大的，应缴纳个人所得税。
（   ）

四、计算题

1.长江食品公司王经理2017年11月取得2016年度奖金12 000元，当月工资4 500

元，王某 11 月应缴纳多少个人所得税？

2.李某为我市一高校教师，2017 年 7 月被外单位聘请讲课，假如取得讲课费收入 2 000 元、5 000 元、40 000 元，请问：李某讲课费收入应分别缴纳多少个人所得税？

3.王教授 2017 年 8 月取得以下收入：

（1）在国内专业杂志上发表文章两篇，分别取得稿酬 4 500 元和 900 元。

（2）为某企业做专题讲座 4 次，每次取得收入 5 000 元。

（3）将其拥有的两处住房中一套已使用 10 年的住房出售，转让收入 250 000 元，该房产造价 110 000 元，另支付交易费用等相关费用 5 000 元。

请计算王教授当月应纳个人所得税额。

4.中国公民马老师 2017 年 10 月 3 日取得工资收入 5 500 元、稿酬收入 3 000 元，他当即表示将稿酬收入中的 1 000 元捐赠给受灾地区，请计算马老师当月应纳个人所得税额。

5.中国公民王五，2017 年 1 月至 12 月每月从中国境内取得工资薪金收入 4 500 元（人民币，下同）；取得稿酬收入 2 000 元；当年还从 A 国取得特许权使用费所得 8 000 元，从 B 国取得股息收入 3 000 元。王五已按 A、B 两国税法分别缴纳了个人所得税 1 500 元和 400 元。请计算王五 2017 年应纳个人所得税额。

五、案例分析题

1.王教授系中国公民，现在国内某大学任职，2017 年 12 月取得收入情况如下：

（1）当月工资收入 3 400 元，奖金收入 3 000 元。

（2）受科普出版社委托，为其编写《心理咨询》一书。按照协议约定，出版社于 2017 年 12 月 20 日支付给王教授稿酬 19 000 元。

（3）2017 年 12 月 25 日，受科技公司培训部邀请，为该公司员工进行心理咨询讲座，科技公司支付给王教授讲课报酬 3 900 元。

要求：根据以上材料，选择下列符合题意的选项。

（1）根据我国税法规定，个人所得税的征税项目包括（　　　）。

A.个体户的生产经营所得　　　　　　B.保险赔偿款所得

C.股息红利所得　　　　　　　　　　D.特许权使用费所得

（2）关于 2017 年 12 月王教授取得的工资和奖金收入，以下说法中正确的是（　　　）。

A.2017 年 12 月王教授取得的工资和奖金收入应缴纳的个人所得税税额为 535 元

B.2017 年 12 月王教授取得的工资和奖金收入应缴纳的个人所得税税额为 185 元

C.2017 年 12 月王教授取得的工资和奖金收入应缴纳个人所得税由本人于年末缴纳

D.2017 年 12 月王教授取得的工资和奖金收入应缴纳个人所得税由本单位代扣代缴

（3）关于稿酬和讲课报酬，以下说法中正确的是（　　　）。

A.讲课所得扣减 800 元，稿酬所得扣减 20% 确定应纳税所得额

B.王教授稿酬所得应缴纳的个人所得税，应由科普出版社代扣代缴

C.王教授讲课报酬应缴纳的个人所得税，应由科技公司代扣代缴

D.稿酬所得和讲课报酬应缴纳的个人所得税，应由王教授自行缴纳

（4）关于王教授取得的稿酬和讲课报酬缴纳个人所得税，下列说法中正确的是（　　）。

A.稿酬所得应缴纳个人所得税 2 128 元

B.讲课报酬应缴纳个人所得税 780 元

C.稿酬所得应缴纳个人所得税 3 040 元

D.讲课报酬应缴纳个人所得税 620 元

（5）下列个人所得中，适用 20% 比例税率的有（　　）。

A.工资薪金所得   B.劳务报酬所得

C.稿酬所得   D.企业职工的奖金所得

2.中国公民郝某就职于国内某会计师事务所。2017 年除薪金收入外，其他收入情况如下：

（1）1 月将 1 套新的公寓住房出售，取得收入 500 000 元，原购房成本花费 370 000 元，相关交易税费为 30 000 元。

（2）为某报社财经专栏撰稿，取得稿酬收入 6 000 元。

（3）11 月为一家培训机构授课，取得收入 1 500 元。

（4）兼职甲公司顾问，取得顾问费 20 000 元。

要求：根据上述资料，分析回答下列问题。

（1）关于计算缴纳郝某个人所得税的下列表述中，正确的是（　　）。

A.出售公寓收入按照"财产转让所得"计缴

B.顾问费按照"劳务报酬所得"计缴

C.撰稿收入按照"稿酬所得"计缴

D.授课收入按照"劳务报酬所得"计缴

（2）郝某出售公寓收入应缴纳个人所得税（　　）。

A.20 000 元   B.26 000 元   C.23 000 元   D.10 000 元

（3）报社代扣代缴郝某个人所得税（　　）。

A.960 元   B.1 200 元   C.728 元   D.672 元

（4）郝某授课收入应缴纳个人所得税（　　）。

A.140 元   B.300 元   C.240 元   D.180 元

（5）郝某顾问收入应缴纳个人所得税（　　）。

A.4 000 元   B.4 800 元   C.3 200 元   D.384 元

项目六 其他税费的计算与缴纳

知识框架

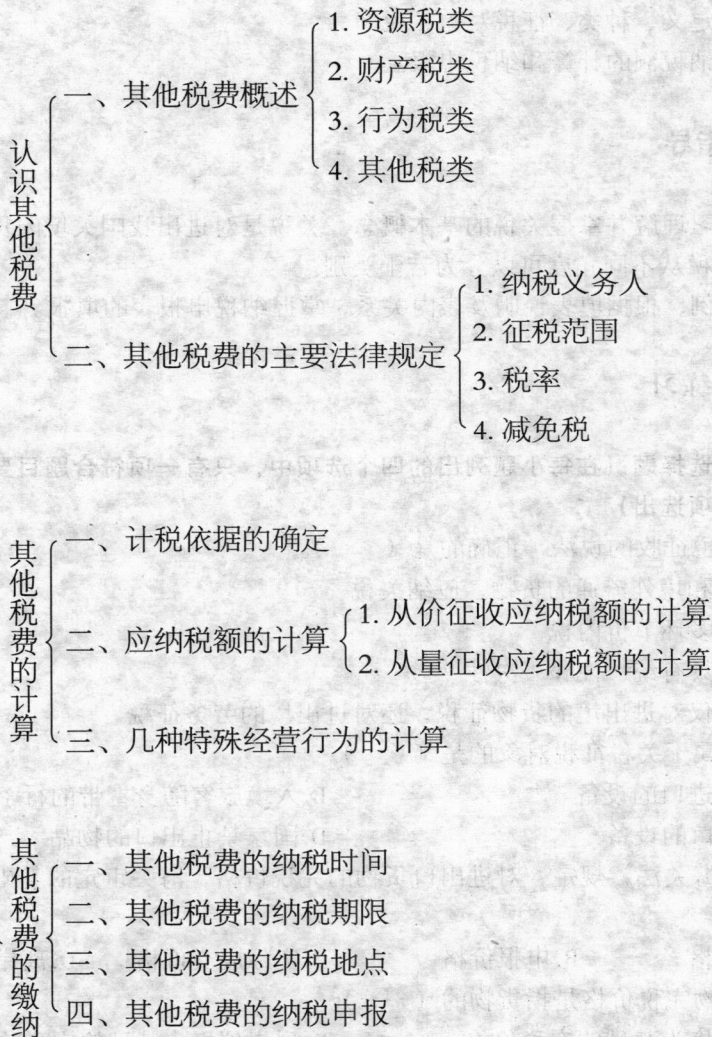

认识其他税费
├─ 一、其他税费概述
│   ├─ 1. 资源税类
│   ├─ 2. 财产税类
│   ├─ 3. 行为税类
│   └─ 4. 其他税类
└─ 二、其他税费的主要法律规定
    ├─ 1. 纳税义务人
    ├─ 2. 征税范围
    ├─ 3. 税率
    └─ 4. 减免税

其他税费的计算
├─ 一、计税依据的确定
├─ 二、应纳税额的计算
│   ├─ 1. 从价征收应纳税额的计算
│   └─ 2. 从量征收应纳税额的计算
└─ 三、几种特殊经营行为的计算

其他税费的缴纳
├─ 一、其他税费的纳税时间
├─ 二、其他税费的纳税期限
├─ 三、其他税费的纳税地点
└─ 四、其他税费的纳税申报

任务6.1 关税的计算与缴纳

重点难点

1.关税的定义、种类、征税对象、税率。
2.关税应纳税额的计算和纳税申报。

学习指导

1.通过练习理解并掌握关税的基本概念。关税是对进出我国关境的货物和物品征收的一种税。关税从不同角度可以分为若干类别。
2.结合实例，根据填表说明及表内关系，掌握纳税申报表的填报。

同步练习

一、单项选择题（在每小题列出的四个选项中，只有一项符合题目要求，请将符合题目要求的选项选出）

1.关于关税征收的说法，正确的是（　　）。

A.在境内和境外流通的货物，应纳关税

B.关税是多环节价内税

C.纳税上具有统一性和一次性

D.关税不仅对进出境的货物征税，还对进出境的劳务征税

2.下列不属于关税征税对象的是（　　）。

A.从国外进口的设备　　　　　　　　B.入境旅客随身携带的行李物品

C.企业出口的设备　　　　　　　　　D.国家禁止出口的物品

3.根据《海关法》规定，对进出口货物的完税价格，海关审定的基础是进出口货物的（　　）。

A.到岸价格　　　　B.申报价格　　　　C.实际成交价格　　　D.离岸价格

4.进口货物完税价格是指货物的（　　）。

A.成交价格为基础的完税价格　　　　B.到岸价格为基础的完税价格

C.组成计税价格　　　　　　　　　　D.实际支付金额

5.关税纳税义务人因为不可抗力或者在国家税收政策调整的情形下，不能按期缴纳关税税款的，经海关总署批准，可以延期缴纳税款，但最长不得超过（　　）。

A.30日　　　　　　　B.3个月　　　　　　C.6个月　　　　　　D.1年

6.某企业海运进口一批货物，海关审定货价折合人民币5 000万元，运抵境内输入

地点起卸前的运费折合人民币18万元、保险费2万元，该批货物的进口关税税率为5%，则该企业应缴纳关税（　　）。

    A.250万元　　　　　　B.251.75万元　　　　C.251万元　　　　　　D.260万元

7.进口货物自运输工具申报进境之日起（　　）内，应由进出口货物的纳税义务人向货物进出境地海关申报。

    A.14日　　　　　　　B.15日　　　　　　　C.24小时　　　　　　D.36小时

8.依据关税的有关规定，下列费用中不得计入进口货物关税的完税价格的是（　　）。

    A.货价　　　　　　　　　　　　　　B.境外运费

    C.由买方负担的包装费　　　　　　　D.由买方负担的购货佣金

二、多项选择题（本大题在每小题列出的四个选项中，有两项或两项以上符合题目要求，请将符合题目要求的选项选出）

1.按征收目的划分，关税可以分为（　　）。

    A.财政关税　　　　B.成本关税　　　　C.保护关税　　　　D.协作关税

2.根据规定，下列各项中，属于关税纳税人的是（　　）。

    A.进口货物收货人　　　　　　　　　B.出口货物发货人

    C.携带物品进境的入境人员　　　　　D.进口货物的代理人

3.下列属于进口关税计征方法的是（　　）。

    A.从价税　　　　　B.从量税　　　　　C.复合税　　　　　D.滑准税

4.下列各项中，应计入进口货物关税完税价格的是（　　）。

    A.由买方负担的购货佣金

    B.由买方负担的境外包装材料费用

    C.由买方负担境外包装劳务费用

    D.由买方负担进口货物视为一体的容器费用

5.下列能独立区分的项目不计入进口货物关税完税价格的是（　　）。

    A.机械进口后的维修费

    B.货物运抵境内输入地点前的运输费

    C.进口关税

    D.进口消费税

三、判断题（判断正误，正确的打"√"，错误的打"×"）

1.存在自由港的国家，通常国境大于关境。　　　　　　　　　　　　　　（　　）

2.关税的征税对象是进出我国国境或关境的货物和物品。　　　　　　　　（　　）

四、计算题（要求列出计算步骤，每步骤运算得数精确到小数点后两位）

某企业2017年9月从境外进口一批生产材料，材料价款折合人民币20万元，支付包装费1万元，向自己的采购代理人支付佣金0.5万元，该货物运抵我国境内输入地点起卸前发生运费3万元、保险费2万元；从海关运往企业所在地发生运费0.2万元。已知关税税率为10%。

    要求：请计算该批材料进口时应缴纳的关税税额。

任务6.2　资源税的计算与缴纳

重点难点

1.资源税的定义、种类、征税对象、税率。
2.资源税应纳税额的计算和纳税申报。

学习指导

1.通过练习理解并掌握资源税的基本概念。资源税是对在我国领域及管辖海域开采应税矿产品和生产盐的单位和个人，就其应税数量或销售额征收的一种税。学生应关注最新的资源税改革。
2.结合实例，根据填表说明及表内关系，掌握纳税申报表的填报。

同步练习

一、单项选择题（在每小题列出的四个选项中，只有一项符合题目要求，请将符合题目要求的选项选出）

1.下列不属于资源税应税项目的是（　　）。

A.铁矿精矿　　　　　　　　　　　B.盐

C.石油　　　　　　　　　　　　　D.洗煤

2.我国资源税中对主要资源品目实行的税率形式是（　　）。

A.比例税率　　　　　　　　　　　B.定额税率

C.全额累进税率　　　　　　　　　D.超额累进税率

3.扣缴义务人代扣代缴的资源税，纳税地点是（　　）。

A.开采地主管税务机关　　　　　　B.收购地主管税务机关

C.生产所在地主管税务机关　　　　D.销售地主管税务机关

4.下列企业既是增值税纳税人又是资源税纳税人的是（　　）。

A.在境内销售有色金属矿产品的贸易公司

B.进口有色金属矿产品的企业

C.在境内开采有色金属矿销售的企业

D.在境外开采有色金属矿销售的企业

5.对经营分散、多为现金交易且难以控管的黏土、砂石，其资源税的征税数量为（　　）。

A.开采数量　　　　　　　　　　　B.实际数量

C.计划产量　　　　　　　　　　　　D.销售数量

6.依据资源税的有关规定，下列说法中正确的是（　　　）。

A.自产自用应税资源不缴纳资源税

B.纳税人将其开采的原煤加工为洗选煤销售的，以洗选煤销售额乘以折算率作为应税煤炭销售额计算缴纳资源税

C.收购未税矿产品的单位代扣代缴资源税的计税依据是其销售额

D.纳税人不能准确提供应税产品销售或移送使用数量的不缴纳资源税

7.纳税人应纳的资源税，应当向应税产品的（　　　）税务机关缴纳。

A.销售所在地　　　　　　　　　　　B.机构所在地

C.居住所在地　　　　　　　　　　　D.开采、生产所在地

8.采取预收货款结算方式的，资源税的纳税义务发生时间为（　　　）。

A.发出应税产品的当天　　　　　　　B.收到预收款的当天

C.移送使用的当天　　　　　　　　　D.合同约定收款日期的当天

9.纳税人用已纳资源税的应税产品进一步加工应税产品销售的，（　　　）。

A.还应再缴纳资源税

B.还应再缴纳资源税，已缴纳部分可以扣除

C.不再缴纳资源税

D.减半缴纳资源税

10.计算资源税的销售额包括（　　　）。

A.增值税　　　　　　　　　　　　　B.价外费用

C.运杂费　　　　　　　　　　　　　D.消费税

二、多项选择题（在每小题列出的四个选项中，有两项或两项以上符合题目要求，请将符合题目要求的选项选出）

1.矿产品资源税的纳税人包括（　　　）。

A.经销单位　　　B.开采单位　　　C.开采个人　　　D.收购未税产品单位

2.下列属于资源税征收范围的是（　　　）。

A.原煤　　　　　B.石墨　　　　　C.井矿盐　　　　D.人造石油

3.资源税的税目共有7个，其中包括（　　　）。

A.天然气　　　　　　　　　　　　　B.煤矿生产的天然气

C.盐　　　　　　　　　　　　　　　D.煤炭制品

4.资源税的纳税义务人包括从事应税资源开采或生产而进行销售或自用的所有单位和个人，但不包括（　　　）。

A.外商投资企业和外国企业　　　　　B.进口应税产品的单位

C.进口应税产品的个人　　　　　　　D.私有企业

5.下列各项中，属于资源税纳税人的是（　　　）。

A.开采原煤的国有企业　　　　　　　B.进口铁矿石的私营企业

C.开采石灰石的个体经营者　　　　　D.开采天然资源的境外投资商

6.下列收购未税矿产品的单位能够成为资源税扣缴义务人的有（　　　）。

A.收购未税矿石的独立矿山　　　　B.收购未税矿石的个体经营者

C.收购未税矿石的联合企业　　　　D.收购未税矿石的冶炼厂

7.下列各项中，属于资源税征税范围的是（　　　）。

A.人造石油　　　　　　　　　　　B.自采未税原煤加工的洗选煤

C.蜂窝煤　　　　　　　　　　　　D.液体盐

8.以下关于资源税表述正确的是（　　　）。

A.对主要资源品目实行从价征收，采用幅度比例税率

B.销售额包括纳税人销售应税产品向购买方收取的全部价款和价外费用，不包括增值税销项税额和运杂费用

C.纳税人将其开采的原煤加工为洗选煤销售的，以洗选煤销售额乘以折算率作为应税煤炭销售额计算缴纳资源税

D.资源税在应税产品的开采环节计算缴纳

9.根据资源税法律制度的规定，下列各项中属于资源税征税范围的有（　　　）。

A.与原油同时开采的天然气　　　　B.煤矿生产的天然气

C.开采的天然原油　　　　　　　　D.生产的海盐原盐

10.以下关于资源税表述正确的是（　　　）。

A.对于在中国境内开采原煤的单位和个人，应按税法规定征收资源税，但对进口煤炭的单位和个人，则不征收资源税

B.原油是资源税的应税资源，包括天然原油和人造石油

C.纳税人进口应税资源不缴纳资源税，但要缴纳增值税和关税

D.开采资源税应税产品销售的，应向销售所在地的主管税务机关缴纳资源税

三、判断题（判断正误，正确的打"√"，错误的打"×"）

1.资源税是对开采、生产所有自然资源的单位和个人征收的一种税。（　　）

2.资源税对主要资源品目实行差别税额，从量征收。（　　）

3.资源税扣缴义务人代扣代缴税款的纳税义务发生时间，为支付货款的当天。
（　　）

四、计算题（要求列出计算步骤，每步骤运算得数精确到小数点后两位）

1.李庄矿业公司2017年10月开采原煤500万吨，销售原煤300万吨，煤矿食堂使用自产原煤2.5万吨，加工车间动用本月开采的原煤100万吨生产洗煤30万吨，每吨不含税价为188元。规定的资源税适用税率为5%。

要求：计算该煤矿本月应纳资源税额。

2.某砂石厂2017年8月份开采销售砂石4 000吨，按当地政府规定适用3元/吨的单位税额。

要求：计算该厂应纳资源税额。

五、实训题

山东金山石灰石矿业有限公司，2017年10月份开采石灰石3 000吨，销售石灰石2 000吨，对外销售每吨不含税价为45元。山东省石灰石资源税适用税率为3%，计算该公司本月应纳资源税税额并填制纳税申报表。

资源税纳税申报表

根据国家税收法律法规及资源税有关规定制定本表。纳税人不论有无销售额，均应按照税务机关核定的纳税期限填写本表，并向当地税务机关申报。

税款所属时间：自　年　月　日至　年　月　日

填表日期：　年　月　日　　　　　　　　　　　　　　金额单位：元至角分

纳税人识别号 □□□□□□□□□□□□□□□□□□□

纳税人名称	（公章）	法定代表人姓名		注册地址		生产经营地址	
开户银行及账号		登记注册类型			电话号码		

税目	子目	折算率或换算比	计量单位	计税销售量	计税销售额	适用税率	本期应纳税额	本期减免税额	本期已缴税额	本期应补（退）税额
1	2	3	4	5	6	7	8①=6×7 8②=5×7	9	10	11=8-9-10
合计		—	—			—				

授权声明	如果你已委托代理人申报，请填写下列资料：为代理一切税务事宜，现授权＿＿＿＿＿＿＿＿＿（地址）＿＿＿＿＿＿＿＿＿为本纳税人的代理申报人，任何与本申报表有关的往来文件，都可寄予此人。　　　　　　　　　授权人签字：	申报人声明	本纳税申报表是根据国家税收法律法规及相关规定填写的，我确定它是真实的、可靠的、完整的。　　　　　声明人签字：

主管税务机关：　　　　　　　接收人：

接收日期：　年　月　日

本表一式两份，一份纳税人留存，一份税务机关留存。

资源税纳税申报表附表（一）
（原矿类税目适用）

纳税人识别号 □□□□□□□□□□□□□□□□□□□

纳税人名称：　　　　　　　　（公章）

税款所属时间：自　年　月　日至　年　月　日　　　　　　　金额单位：元至角分

序号	税目	子目	原矿销售额	精矿销售额	折算率	精矿折算为原矿的销售额	允许扣减的外运杂费	允许扣减的外购矿购进金额	计税销售额	计量单位	原矿销售量	精矿销售量	平均选矿比	精矿换算为原矿的销售量	计税销售量
	1	2	3	4	5	6=4×5	7	8	9=3+6-7-8	10	11	12	13	14=12×13	15=11+14
1															
2															
3															
4															
5															
6															
7															
8															
合计															

任务6.3　城镇土地使用税的计算与缴纳

重点难点

1.城镇土地使用税的定义、种类、征税对象、税率。
2.城镇土地使用税应纳税额的计算和纳税申报。

学习指导

1.通过练习理解并掌握城镇土地使用税的基本概念。凡在城市、县城、建制镇、工矿区范围内使用土地的单位和个人，均应缴纳城镇土地使用税。
2.结合实例，根据填表说明及表内关系，掌握纳税申报表的填报。

同步练习

一、单项选择题（在每小题列出的四个选项中，只有一项符合题目要求，请将符合题目要求的选项选出）

1.城镇土地使用税的计税依据是（　　　）。
A.自用的土地面积　　　　　　　　B.拥有的土地面积
C.实际占用的土地面积　　　　　　D.被税务部门认定的土地面积

2.几个单位共同拥有一块土地使用权，则纳税人为（　　　）。
A.单位主管机关
B.税务机关核定的单位
C.其中实际占用土地面积最大的单位
D.对这块土地拥有使用权的每一个单位

3.城镇土地使用税采用的税率形式是（　　　）。
A.全区统一的税额　　　　　　　　B.有幅度差别的比例税率
C.全省统一的定额　　　　　　　　D.有幅度差别的定额税率

4.下列各项免征城镇土地使用税的是（　　　）。
A.宗教寺庙出租的土地　　　　　　B.军队自用土地
C.学校出租房屋　　　　　　　　　D.某商场占用土地

5.某人民团体有A、B两栋办公楼，A栋占地3 000平方米，B栋占地1 000平方米。2017年3月30日至12月31日该团体将B栋出租。当地城镇土地使用税的年税额为每平方米15元，该团体2017年应缴纳城镇土地使用税（　　　）。
A.3 750元　　　　B.11 250元　　　　C.12 500元　　　　D.15 000元

6.某房地产企业2017年在6 000平方米的土地上开发建成一幢建筑面积为6万平方米的商品房，当地城镇土地使用税的单位年税额为每平方米3元，该企业2017年应缴纳城镇土地使用税（　　　）。

A.180 000元　　　　B.18 000元　　　　C.9 000元　　　　D.90 000元

7.甲企业与乙企业按3：1的占用比例共用一块土地，该土地占地面积3 000平方米，该土地所属地区城镇土地使用税每平方米年税额为3元，该地区规定城镇土地使用税每半年缴纳一次，甲企业上半年应缴纳的城镇土地使用税为（　　　）。

A.1 125元　　　　B.2 250元　　　　C.6 750元　　　　D.3 375元

8.在同一省、自治区直辖市管辖范围内，纳税人跨区域使用土地，下列关于城镇土地使用税的纳税地点表述正确的是（　　　）。

A.在纳税人注册地纳税

B.在土地所在地纳税

C.纳税人可自行选择纳税地点

D.由省、自治区地方税务局确定纳税地点

9.纳税人实际占用土地面积尚未组织测量且未核发土地使用证书的，（　　　）。

A.免征城镇土地使用税

B.由纳税人申报土地面积，并以此为计税依据征收城镇土地使用税

C.由税务机关固定土地面积征收城镇土地使用税

D.由房地产管理部门固定土地面积征收城镇土地使用税

10.新征用耕地应缴纳的城镇土地使用税，其纳税义务发生时间是（　　　）。

A.自批准征用之日起满3个月　　　　B.自批准征用之日起满6个月

C.自批准征用之日起满1年　　　　D.自批准征用之日起满2年

二、多项选择题（在每小题列出的四个选项中，有两项或两项以上符合题目要求，请将符合题目要求的选项选出）

1.城镇土地使用税的纳税人包括（　　　）。

A.土地的实际使用人

B.土地的代管人

C.拥有土地使用权的单位和个人

D.土地使用权共有的各方

2.土地使用税的征税对象是（　　　）。

A.城市　　　　B.县城　　　　C.工矿区　　　　D.建制镇

3.土地使用权拥有人不在土地所在地或土地使用权尚未确定的，土地使用税的纳税人是（　　　）。

A.代管人　　　　B.产权所有人　　　　C.实际使用人　　　　D.承典人

4.下列各项中，符合城镇土地使用税规定的是（　　　）。

A.城镇土地使用税实行按年计算、分期缴纳的征收方法

B.纳税人使用的土地不属于同一个省的，由纳税人向注册地税务机关缴纳

C.纳税单位无偿使用免税单位的土地，纳税单位应当缴纳城镇土地使用税

D.纳税人实际占有土地但尚未核发土地使用证书的,由税务机关核定计税依据

5.下列各项中,按税法规定免征城镇土地使用税的是(　　　)。

A.寺庙内宗教人员的宿舍用地

B.国家机关职工家属的宿舍用地

C.个人所有的居住房屋及院落用地

D.养殖基地专用用地

6.下列属于城镇土地使用税的纳税人的是(　　　)。

A.拥有土地使用权的外资企业

B.用自有房产经营小卖部的个体工商户

C.拥有农村承包责任田的农民

D.权属纠纷未解决的土地使用权的实际使用人

7.下列可成为城镇土地使用税纳税人的有(　　　)。

A.拥有土地使用权的单位和个人

B.土地实际使用人

C.土地代管人

D.共有土地使用权的各方

8.以下关于城镇土地使用税的说法不正确的有(　　　)。

A.公园的经营用地免征城镇土地使用税

B.直接用于种植、养殖生产用的和农副产品加工场地均免征城镇土地使用税

C.免税单位无偿使用纳税单位的土地应缴纳城镇土地使用税

D.市政街道用地免征城镇土地使用税

三、判断题（判断正误，正确的打"√"，错误的打"×"）

1.凡在中国境内拥有土地使用权的单位和个人,均应依法缴纳城镇土地使用税。

（　　　）

2.公园、名胜古迹内的索道公司经营用地,应按规定缴纳城镇土地使用税。

（　　　）

四、计算题（要求列出计算步骤，每步骤运算得数精确到小数点后两位）

某企业2017年实际占用土地面积6 000平方米,当地的城镇土地使用税为每平方米5元。

要求:计算该企业应缴纳的城镇土地使用税额。

五、实训题

富源公司2016年占地面积20万平方米,2017年没有发生增减变化。其中,公司办职工子弟学校占地2万平方米,幼儿园占地5 000平方米。该公司每年分两次缴纳城镇土地使用税。

要求:计算城镇土地使用税应纳税额,并进行纳税申报。

城镇土地使用税纳税申报表（汇总版）

税款所属期：自　年　月　日至　年　月　日　填表日期：　年　月　日

金额单位：元至角分；面积单位：平方米

纳税人识别号

纳税人信息	名　称			纳税人分类	单位□ 个人□			
	登记注册类型		*	所属行业		*		
	身份证件类型	身份证□ 护照□ 其他□		身份证件号码				
	联系人			联系方式				

	土地等级	税额标准	土地总面积	所属期起	所属期止	本期应纳税额	本期减免税额	本期已缴税额	本期应补（退）税额
申报纳税信息									
	合　计								

以下由纳税人填写：

纳税人声明	此纳税申报表是根据《中华人民共和国城镇土地使用税暂行条例》和国家有关税收规定填报的，是真实的、可靠的、完整的。		
纳税人签章		代理人签章	代理人身份证号

以下由税务机关填写：

受理人		受理日期	年 月 日	受理税务机关签章

本表一式两份，一份纳税人留存，一份税务机关留存。

任务6.4　房产税的计算与缴纳

重点难点

1.房产税的定义、种类、征税对象、税率。

2.房产税应纳税额的计算和纳税申报。

学习指导

1.通过练习理解并掌握房产税的基本概念。房产税在城市、县城、建制镇和工矿区范围内征收，农村的房屋没有纳入征税范围。

2.结合实例，根据填表说明及表内关系，掌握纳税申报表的填报。

同步练习

一、单项选择题（在每小题列出的四个选项中，只有一项符合题目要求，请将符合题目要求的选项选出）

1.2017年，李某将面积为100平米的住房出租，适用的房产税税率为（   ）。

A.按房租的4%   B.按房租的12%

C.按房租的1.2%   D.按房屋余值的1.2%

2.纳税人经营自用的房屋缴纳房产税的计税依据是（   ）。

A.房屋原值   B.房屋净值   C.市场价格   D.房屋余值

3.下列有关房产税纳税人的表述中，不正确的是（   ）。

A.房屋产权出典的由承典人纳税

B.房屋出租的由承租人纳税

C.房屋产权未确定的由代管人或使用人纳税

D.产权人不在房屋所在地的由房屋代管人或使用人纳税

4.下列各项中，属于房产税征税对象的是（   ）。

A.农民住房   B.海军自用房产

C.公办高中自用房屋   D.国有企业所有的职工宿舍

5.下列房屋及建筑物中，属于房产税征税范围的是（   ）。

A.农村的居住用房

B.建在室外的露天游泳池

C.个人拥有的市区经营性用房

D.尚未使用或出租而待售的商品用房

6.某公司办公大楼原值30 000万元，2017年2月28日将其中部分闲置房间出租，租期2年。出租部分房产原值5 000万元，租金每年1 000万元。当地规定房产原值减除比例为20%，2017年该公司应缴纳房产税（   ）。

A.228万元   B.340万元

C.348万元   D.360万元

7.某公司2016年购进一处房产，2017年5月1日用于投资联营（收取固定收入，不承担联营风险），投资期为3年，当年取得固定收入160万元。该房产原值3 000万元，当地政府规定的减除幅度为30%，该公司2017年应缴纳的房产税为（   ）。

A.21.2万元   B.27.6万元

C.29.7万元   D.44.4万元

8.下列各项中,应作为经营房屋房产税计税依据的是(　　)。

A.房产售价   B.房产余值

C.房产原值   D.房产租金

9.某企业2017年房产原值共计9 000万元,其中该企业所属的幼儿园和子弟学校用房原值分别为300万元、800万元,当地政府确定计算房产余值的扣除比例为25%,该企业2017年应缴纳的房产税为(　　)。

A.71.1万元   B.73.8万元

C.78.3万元   D.81万元

10.以下属于应缴纳房产税的房产是(　　)。

A.集团公司的仓库   B.加油站的罩棚

C.股份制企业的围墙   D.工厂的独立烟囱

二、多项选择题(在每小题列出的四个选项中,有两项或两项以上符合题目要求,请将符合题目要求的选项选出)

1.根据房产税法律制度的规定,下列有关房产税纳税人的表述中,正确的是(　　)。

A.产权属于国家所有的房屋,其经营管理单位为纳税人

B.产权属于集体所有的房屋,该集体单位为纳税人

C.产权属于个人所有的营业用房屋,该个人为纳税人

D.产权出典的房屋,出典人为纳税人

2.属于房产税的税率的是(　　)。

A.1.2%   B.3%

C.5%   D.12%

3.下列有关房产税纳税义务发生时间的规定,正确的是(　　)。

A.购置新建商品房,自房屋交付使用之次月起计征房产税

B.纳税人自行新建房屋用于生产经营,从建成之当月起,缴纳房产税

C.房屋卖出的当月仍应按规定缴纳房产税

D.房屋买入的当月即应按规定缴纳房产税

4.属于房产税的征税地域范围的是(　　)。

A.城市   B.县城

C.建制镇和工矿区   D.农村

5.下列免征房产税的是(　　)。

A.人民团体自用的房产

B.财政拨付经费的事业单位的业务用房

C.个人所有的非营业用房

D.宗教寺庙出租的住房

6.下列情形中,应由房产代管人或者使用人缴纳房产税的是(　　)。

A.房屋产权未确定的

B. 房屋产权所有人不在房屋所在地的

C. 房屋租典纠纷未解决的

D. 房屋承典人不在房屋所在地的

7. 下列有关房产税税率的表述，符合现行规定的是（　　）。

A. 工厂拥有并使用的车间适用1.2%的房产税税率

B. 个体户房屋用于自办小卖部的适用1.2%的房产税税率

C. 个人出租住房用于美容机构开设连锁店的适用12%的房产税税率

D. 个人出租住房，不区分用途按照4%的房产税优惠税率计税

8. 下列各项中，符合房地产纳税义务发生时间规定的是（　　）。

A. 将原有房产用于生产经营，从生产经营之次月起缴纳房产税

B. 委托施工企业建设的房屋，从办理验收手续之次月起缴纳房产税

C. 购置存量房，自权属登记机关签发房屋权属证书之次月起缴纳房产税

D. 购置新建商品房，自权属登记机关签发房屋权属证书之次月起缴纳房产税

9. 下列选项中，属于房产税征税范围的是（　　）。

A. 工业企业的厂房

B. 商业企业的仓库

C. 工业企业的厂区围墙

D. 股份公司的露天游泳池

10. 下列关于房产税的有关规定，说法正确的是（　　）。

A. 融资租赁房屋的，以租金总额计征房产税

B. 以房产投资入股，参与投资利润分红，共担投资风险的，以房产余值计征房产税

C. 出租的房产，由出租方以租金计征房产税

D. 出租的房产，由承租方以租金计征房产税

三、判断题（判断正误，正确的打"√"，错误的打"×"）

1. 大中型企业所在地也是房产税的征收范围。　　　　　　　　　　　（　　）

2. 单位与免税单位共用的房屋，应由纳税单位统一纳税。　　　　　　（　　）

3. 寺庙自用的房产免税，但其出租或用于经营的房产应征税。　　　　（　　）

四、计算题（要求列出计算步骤，每步骤运算得数精确到小数点后两位）

某市居民王某有两套住房，市场价值200万元，2017年7月1日王某将其中一套价值120万元的住房出租给某企业办公，每月租金为8 000元，另一套自己居住。

要求：计算当年王某应缴纳的房产税税额。

五、实训题

百达公司2017年初固定资产账户中反映的房产原值为3 000万元，建筑面积为3 000万平方米。其中有房产原值为600万元、建筑面积为600万平方米的房屋在2012年初就已经出租，租期为5年，月租金15万元。本年没有发生增减变化。该公司每年分两次缴纳房产税，当地房产原值减除比例为30%。

要求：计算公司应缴纳的房产税税额，并进行纳税申报。

房产税纳税申报表

税款所属期：自 年 月 日至 年 月 日

填表日期： 年 月 日 　　　　　　　金额单位：元至角分；面积单位：平方米

纳税人识别号 □□□□□□□□□□□□□□□□□□□□

纳税人信息	名　称		纳税人分类		单位□ 个人□	
	登记注册类型	*	所属行业		*	
	身份证件类型	身份证□ 护照□ 其他□	身份证件号码			
	联系人		联系方式			

一、从价计征房产税

	房产编号	房产原值	其中：出租房产原值	计税比例	税率	所属期起	所属期止	本期应纳税额	本期减免税额	本期已缴税额	本期应补（退）税额
1	*										
2	*										
3	*										
4	*										
5	*										
6	*										
7	*										
8	*										
9	*										
10	*										
合计	*	*	*	*	*	*	*				

二、从租计征房产税

	本期申报租金收入	税率	本期应纳税额	本期减免税额	本期已缴税额	本期应补（退）税额
1						
2						
3						
合计		*				

以下由纳税人填写：

| 纳税人声明 | 此纳税申报表是根据《中华人民共和国房产税暂行条例》和国家有关税收规定填报的，是真实的、可靠的、完整的。 | | |
| 纳税人签章 | | 代理人签章 | 代理人身份证号 | |

以下由税务机关填写：

| 受理人 | | 受理日期 | 年 月 日 | 受理税务机关签章 | |

本表一式两份，一份纳税人留存，一份税务机关留存。

房产税纳税申报表（汇总版）

税款所属期：自　　年　月　日至　　年　月　日

填表日期：　　年　月　日　　　　　　　　　　金额单位：元至角分；面积单位：平方米

纳税人识别号 □□□□□□□□□□□□□□□□□□□□

纳税人信息	名　称		纳税人分类	单位□ 个人□	
	登记注册类型	*	所属行业	*	
	身份证件类型	身份证□ 护照□ 其他□	身份证件号码		
	联系人		联系方式		

一、从价计征房产税

	房产原值	其中：出租房产原值	计税比例	税率	所属期起	所属期止	本期应纳税额	本期减免税额	本期已缴税额	本期应补（退）税额
1										
2										
3										
合计	*	*	*	*	*	*				

二、从租计征房产税

	本期申报租金收入	税率	本期应纳税额	本期减免税额	本期已缴税额	本期应补（退）税额
1						
2						
3						
合计		*				

以下由纳税人填写：		
纳税人声明	此纳税申报表是根据《中华人民共和国房产税暂行条例》和国家有关税收规定填报的，是真实的、可靠的、完整的。	
纳税人签章	代理人签章	代理人身份证号

以下由税务机关填写：				
受理人		受理日期	年　　月　　日	受理税务机关签章

本表一式两份，一份纳税人留存，一份税务机关留存。

任务6.5　车船税的计算与缴纳

重点难点

1.车船税的定义、种类、征税对象、税率。

2.车船税应纳税额的计算和纳税申报。

学习指导

1.通过练习理解并掌握车船税的基本概念。车船税的纳税人是车辆、船舶的所有人或者管理人。征税范围包括依法不需要办理登记的车船。具体包括：乘用车、商用客车、商用货车、专用作业车、轮式专用机械车、摩托车、机动船舶、游艇。

2.结合实例，根据填表说明及表内关系，掌握纳税申报表的填报。

同步练习

一、单项选择题（在每小题列出的四个选项中，只有一项符合题目要求，请将符合题目要求的选项选出）

1.游艇的计税依据是（　　）。

A.自重吨位　　　　B.净吨位　　　　　C.艇身长度　　　　D.辆

2.车船税的纳税义务发生时间，为车船管理部门核发的车船登记证书或者行驶证书所记载日期的（　　）。

A.当日　　　　　　B.当月　　　　　　C.次日　　　　　　D.次月10日前

3.车船税的所有人或者管理人未缴纳车船税的，应当代为缴纳车船税的是（　　）。

A.车船所有人　　　　　　　　　B.车船使用人

C.车船承租人　　　　　　　　　D.税务机关认定的纳税人

4.小轿车的车船税的计税依据为（　　）。

A.购买价格　　　　B.辆　　　　　　　C.净吨位　　　　　D.自重吨位

5.下列车船应计算缴纳车船税的是（　　）。

A.军队专用车船　　　　　　　　B.法院的警用车辆

C.人力三轮车　　　　　　　　　D.企业接送职工上下班的班车

6.某商厦有一辆客货两用车，为顾客送货，乘客座位4人，整备质量2吨。客货两用车依照货车的计税单位和年基准税额计征车船税。当地省政府规定，载客4人乘用车车船税年税额为200元/辆，载货汽车为40元/吨，商厦每年应缴纳车船税（　　）。

A.80元　　　　　　B.180元　　　　　C.200元　　　　　D.280元

7.下列各项中，符合车船税征收管理规定的是（　　）。

A.扣缴义务人代收代缴车船税的，纳税地点为车船税登记地主管税务机关所在地

B.依法需要办理登记的车船，纳税人自行申报缴纳车船税的，纳税地点为车船登记地的主管税务机关所在地

C.车船税纳税义务发生时间为取得车船所有权或者管理权的次月

D.不需要办理登记的车船不必缴纳车船税

8.某船运公司2017年度拥有旧机动船10艘，每艘净吨位1 500吨；拥有拖船两艘，每艘发动机功率500千瓦。当年8月新购置机动船4艘，每艘净吨位2 000吨。该公司机动船舶使用的车船税年税额为：净吨位201吨～2 000吨的，每吨4元。该公司2017年

度应缴纳的车船税为（　　　）。

  A.75 333.33 元　　　　B.74 673.33 元　　　　C.74 333.33 元　　　　D.61 000 元

二、多项选择题（在每小题列出的四个选项中，有两项或两项以上符合题目要求，请将符合题目要求的选项选出）

1.根据车船税法的规定，下列使用的车船应缴车船税的是（　　　）。

  A.私人拥有的汽车　　　　　　　　B.外商投资企业拥有的汽车

  C.国有运输企业拥有的货船　　　　D.旅游公司拥有的客船

2.下列车船中，可享受车船税减免政策的是（　　　）。

  A.货运车船　　　B.农用汽车　　　C.警用车船　　　D.捕捞用渔船

3.属于我国车船税计税依据的是（　　　）。

  A.辆　　　B.容积　　　C.净吨位　　　D.整备质量

4.以下关于我国车船税税目税率的表述，正确的是（　　　）。

  A.车船税实行定额税率

  B.客货两用汽车按照货车征税

  C.半挂牵引车和挂车按照货车征税

  D.拖船和非机动驳船分别按机动船舶税额的70%计算征税

5.下列车辆中，不需要缴纳车船税的是（　　　）。

  A.自行车　　　　　　　　　B.残疾人专用摩托车

  C.燃料电池车　　　　　　　D.纯电动汽车

6.下列各项中，符合车船税征收管理规定的是（　　　）。

  A.车船税按年申报，分月计算，一次性缴纳

  B.纳税人自行申报缴纳车船税的，纳税地点为车船登记地的主管税务机关所在地

  C.车船税纳税义务发生时间为取得车船所有权或者管理权的次月

  D.不需要办理登记的车船不缴纳车船税

7.下列各项中，不征或免征车船税的是（　　　）。

  A.工人的自行车　　　　　　B.农民的大货车

  C.残疾人专用的手推轮椅车　D.商贩平板手推车

8.下列有关车船税计税单位的表述，正确的是（　　　）。

  A.客车以"每辆"为计税单位

  B.货车以"净吨位每吨"为计税单位

  C.三轮汽车以"整备质量每吨"为计税单位

  D.机动船舶以"载重吨位"为计税单位

三、判断题（判断正误，正确的打"√"，错误的打"×"）

1.车船税的征税范围分为车辆和船舶两大类。　　　　　　　　　　（　　）

2.车船的所有人或者管理人未缴纳车船税的，使用人应当代为缴纳车船税。

  （　　）

四、计算题（要求列出计算步骤，每步骤运算得数精确到小数点后两位）

某公司自有货车8辆（每辆整备质量7吨）、商用大客车2辆（均为12座）、小轿车

10辆。（已知商用车客车单位税额为650元/辆，商用车货车单位税额为100元/吨，小轿车单位税额为400元/辆）

要求：请计算该公司当年应纳车船税额。

五、实训题

远航渔业公司2017年拥有捕捞渔船5艘，每艘净吨位21吨；非机动驳船2艘，每艘净吨位10吨；机动补给船1艘，净吨位15吨；机动运输船10艘，每艘净吨位7吨。机动船舶净吨位小于等于200吨的，车船税适用年税额为每吨3元。

要求：计算该公司当年应缴纳车船税额，并进行纳税申报。

车船税纳税申报表

税款所属期限：自 年 月 日至 年 月 日 填表日期： 年 月 日

金额单位：元至角分

纳税人识别号

	纳税人名称			纳税人身份证照类型								
纳税人身份证照号码				居住（单位）地址								
联系人				联系方式								
序号	(车辆)号牌号码/(船舶)登记号码	车船识别代码(车架号/船舶识别号)	征收品目	计税单位	计税单位的数量	单位税额	年应缴税额	本年减免税额	减免性质代码	减免税证明号	当年应缴税额	本年已缴税额	本期年应补(退)税额
	1	2	3	4	5	6	7=5×6	8	9	10	11=7-8	12	13=11-12
合计	—		—	—	—				—				

| 申报车辆总数（辆） | | 申报船舶总数（艘） | |

以下由申报人填写：

| 纳税人声明 | 此纳税申报表是根据《中华人民共和国车船税法》和国家有关税收规定填报的，是真实的、可靠的、完整的。 |
| 纳税人签章 | | 代理人签章 | | 代理人身份证号 | |

以下由税务机关填写：

| 受理人 | | 受理日期 | | 受理税务机关（签章） | |

本表一式两份，一份纳税人留存，一份税务机关留存。

任务6.6 印花税的计算与缴纳

重点难点

1.印花税的定义、种类、征税对象、税率。
2.印花税应纳税额的计算和纳税申报。

学习指导

1.通过练习理解并掌握印花税的基本概念。印花税又称为凭证税，应税凭证分为五类，即经济合同、产权转移书据、营业账簿、权利许可证照和经财政部门确认的正式的其他凭证。
2.结合实例，根据填表说明及表内关系，掌握纳税申报表的填报。

同步练习

一、单项选择题（在每小题列出的四个选项中，只有一项符合题目要求，请将符合题目要求的选项选出）

1.下列应缴纳印花税的凭证是（   ）。
A.房屋产权证、工商营业执照、税务登记证、营运许可证
B.土地使用证、专利证、特许行业经营许可证、房屋产权证
C.商标注册证、卫生许可证、土地使用证、营运许可证
D.房屋产权证、工商营业执照、商标注册证、专利证、土地使用证

2.某企业2017年向汽车运输公司租入载重汽车4辆，双方签订的租赁合同中规定，4辆载重汽车的总价值为200万元，租期半年，租金18万。该企业2017年应纳印花税为（   ）。
A.200元　　　　　B.180元　　　　　C.182元　　　　　D.218元

3.下列凭证应按5元定额缴纳印花税的是（   ）。
A.租赁合同　　　B.借款合同　　　C.专利证　　　D.购销合同

4.专利权转让合同应按照（   ）缴纳印花税。
A.技术合同　　　　　　　　　　　B.借款合同
C.产权转移书据　　　　　　　　　D.权利、许可证照

5.书立经济合同中，印花税的纳税人是（   ）。
A.当事人　　　　B.担保人　　　　C.证人　　　　D.鉴定人

6.甲企业将货物卖给乙企业，双方订立了购销合同，丙企业作为该合同的担保人，

丁先生作为证人，戊单位作为鉴定人，则该购销合同印花税的纳税人为（ ）。

A.甲企业和乙企业

B.甲企业、乙企业和戊单位

C.甲企业、乙企业和丙企业

D.甲企业、乙企业、丙企业、丁先生、戊单位

7.某中学委托一服装厂加工校服，合同约定布料由学校提供，价值50万元，学校另支付加工费10万元，下列各项关于计算印花税的表述中，正确的是（ ）。

A.学校应以50万元为计税依据，按销售合同的税率计算印花税

B.服装厂应以50万元为计税依据，按加工承揽合同的税率计算印花税

C.服装厂应以10万元加工费为计税依据，按加工承揽合同的税率计算印花税

D.服装厂和学校均以60万元为计税依据，按加工承揽合同的税率计算印花税

8.某电厂与某水运公司签订一份运输保管合同，合同载明的费用为500 000元（运费和保管费未分别记载）。货物运输合同的印花税税率为0.5‰，仓储保管合同的印花税税率为1‰，该合同双方各应缴纳的印花税额为（ ）。

A.500元   B.250元   C.375元   D.1 000元

二、多项选择题（在每小题列出的四个选项中，有两项或两项以上符合题目要求，请将符合题目要求的选项选出）

1.下列各项属于印花税的纳税方法的是（ ）。

A.自行贴花   B.汇贴或汇缴   C.委托代征   D.代扣代缴

2.下列各项中，应征收印花税的有（ ）。

A.分包或转包合同   B.会计咨询合同

C.土地使用权出让合同   D.财政贴息贷款合同

3.记载资金的账簿，印花税的计税依据是（ ）。

A.注册资本   B.盈余公积   C.资本公积   D.实收资本

4.下列关于印花税征收管理的表述中，正确的是（ ）。

A.印花税一般实行就地征收

B.印花税税率有比例税率和定额税率两种形式

C.印花税应当在书立或领受时贴花

D.营业账簿都应按件贴花5元

5.下列各项中，应按"产权转移书据"税目征收印花税的是（ ）。

A.商品房销售合同   B.土地使用权转让合同

C.商品销售合同   D.个人无偿赠与不动产合同

6.孙某将自有住房无偿赠与非法定继承人王某，已向税务机关提交审核其签字盖章的"个人无偿赠与不动产登记表"。下列有关孙某赠房涉及税收的表述中，正确的是（ ）。

A.孙某应缴纳契税   B.王某应缴纳契税

C.孙某应缴纳印花税   D.王某应缴纳印花税

7.下列关于印花税税率的说法正确的是（ ）。

A.印花税的税率有两种形式，即比例税率和定额税率

B.加工承揽合同适用比例税率，税率为万分之五

C.营业账簿适用定额税率，税额为每件5元

D.企业的工商营业执照和税务登记证都按照权利、许可证照计税，税额为每件5元

8.下列合同中，适用万分之三的印花税税率的是（ 　　 ）。

A.加工承揽合同 　　　　　　　　　　B.货物运输合同

C.建筑安装工程承包合同 　　　　　　D.技术合同

三、判断题（判断正误，正确的打"√"，错误的打"×"）

1.不记载金额的营业账簿，以账簿的件数为计税依据缴纳印花税。 （　　）

2.财产所有人将财产捐赠给政府、社会福利单位、学校所立的书据免纳印花税。

（　　）

3.甲、乙、丙三方共同签订的应税合同，由甲方计算缴纳印花税。 （　　）

四、计算题（要求列出计算步骤，每步骤运算得数精确到小数点后两位）

某企业与一运输公司签订了两份运输保管合同：第一份合同载明运输费用为600 000元；第二份合同载明运输费用为200 000元，保管费为100 000元。

要求：请分别计算该企业第一份、第二份合同应缴纳的印花税额。

五、实训题

长空公司2017年3月开业，领受房屋产权证、工商营业执照、商标注册证、土地使用证各一件，与其他企业订立转移专有技术使用权书据一件，所载金额为50万元；订立产品购销合同三件，所载金额为150万元；订立借款合同一份，所载金额为60万元。此外，企业的营业账簿中，"实收资本"科目载有资金400万元，另有其他账簿6本。

要求：计算该公司应缴纳的印花税额，并进行纳税申报。

印花税纳税申报（报告）表

税款所属期限：自 　年　 　月　 　日至　 　年　 　月　 　日

填表日期：　 　年　 　月　 　日 　　　　　　　　　　　　金额单位：元至角分

纳税人识别号

纳税人信息	名　称					□单位　□个人		
	登记注册类型				所属行业			
	身份证件类型				身份证件号码			
	联系方式							

应税凭证	计税金额或件数	核定征收		适用税率	本期应纳税额	本期已缴税额	本期减免税额		本期应补（退）税额
		核定依据	核定比例				减免性质代码	减免额	
	1	2	3	4	5=1×4+2×3×4	6	7	8	9=5-6-8
购销合同				0.3‰					
加工承揽合同				0.5‰					

续表

应税凭证	计税金额或件数	核定征收		适用税率	本期应纳税额	本期已缴税额	本期减免税额		本期应补（退）税额
		核定依据	核定比例				减免性质代码	减免额	
	1	2	3	4	5=1×4+2×3×4	6	7	8	9=5-6-8
建设工程勘察设计合同				0.5‰					
建筑安装工程承包合同				0.3‰					
财产租赁合同				1‰					
货物运输合同				0.5‰					
仓储保管合同				1‰					
借款合同				0.05‰					
财产保险合同				1‰					
技术合同				0.3‰					
产权转移书据				0.5‰					
营业账簿（记载资金的账簿）		—		0.5‰					
营业账簿（其他账簿）		—		5					
权利、许可证照		—		5					
合计	—	—		—					

以下由纳税人填写：

| 纳税人声明 | 此纳税申报表是根据《中华人民共和国印花税暂行条例》和国家有关税收规定填报的，是真实的、可靠的、完整的。 | | |
| 纳税人签章 | | 代理人签章 | 代理人身份证号 |

以下由税务机关填写：

| 受理人 | | 受理日期 | 年　月　日 | 受理税务机关签章 |

本表一式两份，一份纳税人留存，一份税务机关留存。

任务6.7　城市维护建设税和教育费附加的计算与缴纳

重点难点

1.城市维护建设税和教育费附加的主要法律规定。
2.城市维护建设税和教育费附加的计算和申报。

学习指导

1.通过练习理解并掌握城市维护建设税和教育费附加的基本概念。城建税的征税范围比较广泛。具体包括城市、县城和建制镇以及税法规定征收"两税"的地区。因为缴纳增值税、消费税的单位和个人都要缴纳城建税，所以，其征税范围比其他任何税种的征税范围都要广泛。教育费附加也有这样的特点。

2.结合实例，根据填表说明及表内关系，掌握纳税申报表的填报。

同步练习

一、单项选择题（在每小题列出的四个选项中，只有一项符合题目要求，请将符合题目要求的选项选出）

1.下列对城建税的表述不正确的是（　　　）。

A.城建税是一种附加税

B.税款专门用于城市的公共事业和公共设施的维护建设

C.城建税征收范围广泛

D.海关对进口产品代征增值税、消费税、城建税

2.现行教育费附加的征收率为（　　　）。

A.7%　　　　　　B.3%　　　　　　C.1%　　　　　　D.5%

3.下列不属于教育费附加的征收范围的是（　　　）。

A.城市　　　　　B.县城　　　　　C.工矿区　　　　D.农村

4.A企业设立于县城，计算缴纳城建税适用的税率是（　　　）。

A.7%　　　　　　B.5%　　　　　　C.3%　　　　　　D.1%

5.甲生产企业地处市区，2017年12月实际缴纳增值税28万元，当月委托位于县城的乙企业加工应税消费品，乙企业代收代缴消费税15万元。甲企业当月应缴纳（含被代收代缴）城市维护建设税（　　　）。

A.1.96万元　　　B.0.75万元　　　C.2.71万元　　　D.1.31万元

6.位于市区的某企业2017年9月共缴纳增值税、消费税和关税562万元，其中关税

102万元、进口环节缴纳的增值税和消费税260万元。该企业9月应缴纳的城市维护建设税为（　　　）。

    A.14万元　　　　　　　B.18.2万元　　　　　　C.32.2万元　　　　　　D.39.34万元

    7.位于某市的甲地板厂为外商投资企业，2017年11月购进一批木材，取得增值税专用发票注明不含税价格800 000元，当月委托位于县城的乙工厂将木材加工成实木地板，支付不含税加工费150 000元。乙工厂11月交付50%的实木地板，12月完工交付剩余部分。已知实木地板消费税率为5%，乙工厂应代收代缴城市维护建设税（　　　）。

    A.1 250元　　　　　　B.1 750元　　　　　　C.2 500元　　　　　　D.3 500元

    8.位于县城的甲企业2017年7月实际缴纳增值税350万元（其中包括进口环节增值税50万元）、消费税530万元（其中包括由位于市区的乙企业代收代缴的消费税30万元）。则甲企业本月应向所在县城税务机关缴纳的城市维护建设税为（　　　）。

    A.40元　　　　　　　B.41.5元　　　　　　C.42.50元　　　　　　D.44元

    9.位于市区的某内资生产企业为增值税一般纳税人，经营内销与出口业务。2017年9月实际缴纳增值税45万元。另外，进口货物缴纳增值税17万元、消费税30万元。该企业9月应缴纳的城市维护建设税为（　　　）。

    A.2.8元　　　　　　　B.3.15元　　　　　　C.4.6元　　　　　　　D.6.09元

    10.某市一企业2017年8月被查补缴增值税50 000元、消费税20 000元、所得税30 000元，被加收滞纳金2 000元，被处罚款8 000元。该企业应补缴城市维护建设税和教育费附加（　　　）。

    A.5 000元　　　　　　B.7 000元　　　　　　C.8 000元　　　　　　D.10 000元

二、多项选择题（在每小题列出的四个选项中，有两项或两项以上符合题目要求，请将符合题目要求的选项选出）

    1.下列关于城建税、教育费附加和地方教育附加的说法中，正确的有（　　　）。

    A.城建税有三档地区差别比例税率，分别为7%、5%、1%

    B.教育费附加和地方教育附加的征收率分别为3%、2%

    C.城建税、教育费附加、地方教育附加的计征依据相同，均为实缴的增值税、消费税之和

    D.城建税、教育费附加、地方教育附加均能在企业所得税前据实扣除

    2.下列各项属于城建税的征税范围的有（　　　）。

    A.城市　　　　　　　　　　　　　　　B.县城

    C.镇　　　　　　　　　　　　　　　　D.其他缴纳"两税"的地区

    3.下列项目中，不得作为城市维护建设税及教育费附加的计税依据的是（　　　）。

    A.进口货物缴纳的增值税税款　　　　　B.因漏缴增值税而缴纳的滞纳金

    C.因漏缴增值税而缴纳的罚款　　　　　D.补缴的消费税税款

    4.下列各项属于教育费附加的征收范围的是（　　　）。

    A.城市　　　　　　B.县城　　　　　　C.建制镇及工矿区　　　　D.海关

    5.下列关于城市维护建设税计税依据的表述中，正确的是（　　　）。

    A.免征"两税"时应同时免征城市维护建设税

B.对出口产品退还增值税的，不退还已缴纳的城市维护建设税

C.纳税人被查补"两税"时应同时对查补的"两税"补缴城市维护建设税

D.纳税人违反"两税"有关规定而被加收的滞纳金应计入城市维护建设税的计税依据

6.下列关于城市维护建设税纳税地点的表述中，正确的是（　　　）。

A.无固定纳税地点的个人，为户籍所在地

B.代收代缴"两税"的单位，为税款代收地

C.代扣代缴"两税"的个人，为税款代扣地

D.无固定纳税地点的个人，为经营地

7.以下关于城建税和教育费附加的说法，正确的有（　　　）。

A.城建税和教育费附加随增值税、消费税分别在销售、进口等环节缴纳

B.对外商投资企业、外国企业及外籍个人征收城建税及教育费附加

C.代扣代缴"两税"的，按照扣缴义务人所在地适用税率计算缴纳城建税

D.代扣代缴"两税"的，在按规定扣缴城建税的同时也应扣缴教育费附加

8.下列关于城市维护建设税减免税规定的表述中，正确的是（　　　）。

A.城市维护建设税随"两税"的减免而减免

B.对国家重大水利工程建设基金免征城市维护建设税

C.对由海关代征的进口产品增值税和消费税应减半征收城市维护建设税

D.因减免税而对"两税"进行退库的，可同时对已征收的城市维护建设税实施退库

9.下列行为中，需要缴纳城建税、教育费附加和地方教育费附加的是（　　　）。

A.政府机关出租房屋行为

B.企业购买房屋行为

C.油田开采天然原油并销售的行为

D.企业将土地使用权转让给农业生产者用于农业生产的行为

10.以下关于城建税、教育费附加和地方教育费附加的说法，正确的是（　　　）。

A.对出口产品退还增值税、消费税的，也应同时退还已缴纳城建税

B.进口环节代征增值税也要代征教育费附加和地方教育费附加

C.对出口产品退还增值税、消费税的，不退还已征的教育费附加。

D.纳税人直接缴纳"两税"的，在缴纳"两税"地缴纳城市维护建设税

三、判断题（判断正误，正确的打"√"，错误的打"×"）

1.城建税按纳税人所在地不同，适用的税率不同。　　　　　　　　　　　　（　　　）

2.教育费附加的缴纳地点、缴纳环节、缴纳期限与城市维护建设税相同。　（　　　）

四、计算题（要求列出计算步骤，每步骤运算得数精确到小数点后两位）

甲企业设立在某县城，2017年8月实际缴纳增值税35万元、消费税10万元。

要求：计算甲企业应纳城建税及教育费附加。

五、实训题

建明公司设立在北京市市区，2017年9月实际缴纳增值税20万元、消费税15万元。

要求：计算该企业应纳城建税及教育费附加；并进行纳税申报。

附加税（费）纳税申报表

纳税人识别号 ☐☐☐☐☐☐☐☐☐☐☐☐☐☐☐

纳税人名称：（公章）

税款所属期限：自　年　月　日至　年　月　日

填表日期：　年　月　日　　　　　　　　　　　金额单位：元（列至角分）

计税依据（计征依据）		计税金额（计征金额）	税率（征收率）	本期应纳税额	本期已缴税额	本期应补（退）税额
		1	2	3＝1×2	4	5＝3－4
城市维护建设税	增值税					
	消费税					
	合计	—				
教育费附加	增值税					
	消费税					
	合计	—				
	销售收入		4‰			
地方教育附加	增值税					
	消费税					
	合计	—				
地方水利建设基金	增值税					
	消费税					
	合计	—				

纳税人或代理人声明：　此纳税申报表是根据国家税收法律的规定填报的，我确信它是真实的、可靠的、完整的。	如纳税人填报，由纳税人填写以下各栏			
	经办人（签章）	会计主管（签章）		法定代表人（签章）
	如委托代理人填报，由代理人填写以下各栏			
	代理人名称			代理人（公章）
	经办人（签章）			
	联系电话			
以下由税务机关填写				
受理人		受理日期	受理税务机关（签章）	

任务6.8 耕地占用税的计算与缴纳

重点难点

1.耕地占用税的定义、种类、征税对象、税率。
2.耕地占用税应纳税额的计算和纳税申报。

学习指导

1.通过练习理解并掌握耕地占用税的基本概念。耕地占用税以建房或从事其他非农业建设占用耕地为征税对象，对于占用耕地用于兴修水利、发展林业等不征税，对占用非耕地建房或从事非农业建设者，也不征税。耕地占用税实行一次课征制。
2.结合实例，根据填表说明及表内关系，掌握纳税申报表的填报。

同步练习

一、单项选择题（在每小题列出的四个选项中，只有一项符合题目要求，请将符合题目要求的选项选出）

1.耕地占用税的征收机关是（　　）。
A.国家税务总局　　　B.省级税务机关　　　C.地方税务机关　　　D.地方人民政府

2.获准占用耕地的单位和个人，缴纳耕地占用税应当在收到土地管理部门的通知之日起（　　）。
A.7日内　　　　　　B.15日内　　　　　　C.30日内　　　　　　D.60日内

3.以下关于耕地占用税的表述不正确的是（　　）。
A.耕地占用税是以纳税人实际占用耕地面积为计税依据，按照规定税额一次征收
B.耕地占用税实行地区差别幅度比例税率
C.占用果园、桑园、竹园、药材种植园等园地应照章征税
D.个人占用耕地建房也应缴纳耕地占用税

4.经济特区、经济技术开发区和经济发达、人均耕地特别少的地区，适用税额可以适当提高，但提高幅度最多不得超过规定税额的一定比例，这一比例是（　　）。
A.20%　　　　　　　B.30%　　　　　　　C.50%　　　　　　　D.100%

5.下列耕地占用的情形中，属于免征耕地占用税的是（　　）。
A.医院占用耕地　　　　　　　　　　　B.建厂房占用鱼塘
C.高尔夫球场占用耕地　　　　　　　　D.商品房建设占用林地

6.某农户有一处花圃，占地1 200平方米，2017年9月将其中1 100平方米改造为果

园，其余100平方米建造住宅。已知该地适用的耕地占用税定额税率为每平方米25元，则该农户应缴纳的耕地占用税为（　　）。

A.1 250元　　　　　　B.2 500元　　　　　　C.15 000元　　　　　　D.30 000元

7.村民张某2016年承包耕地面积3 000平方米，2017年将其中300平方米用于新建住宅，其余耕地仍和2016年一样使用，即700平方米用于种植药材，2 000平方米用于种植水稻。当地耕地占用税税率为25元/平方米，张某应缴纳的耕地占用税为（　　）。

A.3 750元　　　　　　B.25 000元　　　　　　C.7 500元　　　　　　D.12 500元

8.以下关于耕地占用税的表述正确的是（　　）。

A.耕地占用税由财政局负责征收

B.耕地占用税实行地区差别幅度比例税率

C.占用果园、桑园用以建房的应缴纳耕地占用税

D.军事设施占用耕地，减半征收耕地占用税

二、多项选择题（在每小题列出的四个选项中，有两项或两项以上符合题目要求，请将符合题目要求的选项选出）

1.耕地占用税的特点包括（　　）。

A.兼具资源税与特定行为税的性质

B.采用地区差别税率

C.在占用耕地环节一次性课征

D.税收收入专用于耕地开发与改良

2.耕地是指种植农作物的土地，包括（　　）。

A.人工开掘的水产养殖水面

B.药材种植园

C.弃荒的前三年内曾用于种植农作物的土地

D.花圃

3.纳税人占用下列土地建房或从事非农业建设应缴纳耕地占用税（　　）。

A.人工草场　　　　B.打谷场　　　　C.菜地　　　　D.茶园

4.下列关于耕地占用税的规定正确的是（　　）。

A.耕地占用税实行地区差别幅度定额税率

B.人均耕地面积越少，耕地占用税单位税额越高

C.耕地占用税由地方税务机关负责征收

D.获准占用耕地的单位或者个人应当在收到土地管理部门的通知之日起10日内缴纳耕地占用税

5.下列减征耕地占用税的是（　　）。

A.军事设施占用耕地

B.学校、幼儿园、养老院、医院占用耕地

C.农村居民占用耕地新建住宅

D.铁路线路占用耕地

6.根据耕地占用税的有关规定，下列各项中属于耕地的是（　　）。

A.果园　　　　　　B.花园　　　　　　C.茶园　　　　　　D.菜地

7.下列关于耕地占用税的表述中，正确的是（　　　）。

A.建设直接为农业生产服务的生产设施而占用农用耕地的，不征收耕地占用税

B.获准占用耕地的单位或个人，应当在收到土地管理部门的通知之日起60日内缴纳耕地占用税

C.免征或者减征耕地占用税后，纳税人改变原占地用途，不再属于免征或者减征耕地占用税情形的，应当按照当地适用税额补缴耕地占用税

D.纳税人临时占用耕地，应当依照规定缴纳耕地占用税，在批准临时占用耕地的期限内恢复原状的，可部分退还已经缴纳的耕地占用税

8.下列各项中，应征收耕地占用税的是（　　　）。

A.铁路线路占用耕地　　　　　　　　B.学校占用耕地

C.公路线路占用耕地　　　　　　　　D.军事设施占用耕地

9.下列关于耕地占用税表述正确的是（　　　）。

A.耕地占用税按年征收，分期缴纳

B.耕地占用税属于资源性税种

C.耕地占用税属于行为税类

D.耕地占用税与土地使用税实行交叉征收

10.下列关于耕地占用税相关制度规定的说法正确的是（　　　）。

A.依照规定免征或者减征耕地占用税后，纳税人改变原占地用途，不再属于免征或者减征耕地占用税情形的，应当按照当地适用税额补缴耕地占用税

B.建设直接为农业生产服务的生产设施占用耕地的，不征耕地占用税

C.纳税人临时占用耕地可不缴纳耕地占用税

D.农民占用耕地建房免征耕地占用税

三、判断题（判断正误，正确的打"√"，错误的打"×"）

1.只要占用耕地就需要缴纳耕地占用税。　　　　　　　　　　　　　　（　　　）

2.耕地占用税采用地区差别定额税率。　　　　　　　　　　　　　　（　　　）

四、计算题（要求列出计算步骤，每步骤运算得数精确到小数点后两位）

农村某村民新建住宅，经批准占用耕地200平方米。该地区耕地占用税额为7元/平方米，由于农村居民占用耕地新建住宅，按照当地适用税额减半征收耕地占用税。

要求：计算该村民的应纳耕地占用税额。

五、实训题

飞煌公司有一处花圃，占地1 200平方米，2017年8月将其中的1 100平方米改造为果园，其余100平方米建造住宅。已知该地适用的耕地占用税定额税率为每平方米25元。

要求：计算该公司的应纳耕地占用税额，并进行纳税申报。

耕地占用税纳税申报表

填表日期：　　年　月　日　　　　　　　　　　　　金额单位：元至角分；面积单位：平方米

纳税人识别号												

纳税人信息	纳税人名称						□单位　□个人					
	登记注册类型			所属行业								
	身份证照类型			联系人			联系方式					

耕地占用信息	项目（批次）名称			批准占地部门			批准占地文号			批准日期		
	占地位置			占地用途			占地方式			占地日期		
	经批准占地面积			实际占地面积			经济开发区 □是　□否			税额提高比例（%）		

计税信息	类别\项目	计税面积	其中：减税面积	其中：免税面积	适用税额	计征税额	减免性质代码	减税税额	免税税额	已缴税额	应缴税额
	总计										
	耕地（基本农田）										
	耕地（非基本农田）										
	园地										
	林地										
	牧草地										
	农田水利用地										
	养殖水面										
	渔业水域滩涂										
	草地										
	苇田										
	其他类型土地										

纳税人声明	此纳税申报表是根据《中华人民共和国耕地占用税暂行条例》和国家有关税收规定填报的，是真实的、可靠的、完整的。		
纳税人签章		代理人签章	代理人身份证号

以下由税务机关填写：

受理人		受理日期	年　月　日	受理税务机关签章	

本表一式两份，一份纳税人留存，一份税务机关留存。

任务6.9 土地增值税的计算与缴纳

重点难点

1.土地增值税的定义、种类、征税对象、税率。
2.土地增值税应纳税额的计算和纳税申报。

学习指导

1.通过练习理解并掌握土地增值税的基本概念。土地增值税是国家对有偿转让国有土地使用权、地上建筑物及其附着物的单位和个人，就其转让房地产所取得的增值额征收的一种税。

（1）土地增值税只对转让国有土地使用权的行为征税，对转让非国有土地和出让国有土地的行为均不征税。

（2）土地增值税只对有偿转让的房地产征税，对以继承、赠与等方式无偿转让的房地产，则不予征税。

2.结合实例，根据填表说明及表内关系，掌握纳税申报表的填报。

同步练习

一、单项选择题（在每小题列出的四个选项中，只有一项符合题目要求，请将符合题目要求的选项选出）

1.下列各项中应征收土地增值税的是（　　　）。

A.用房地产进行投资　　　　　　　　B.兼并企业取得被兼并企业房地产

C.房地产交换　　　　　　　　　　　D.房地产的出租

2.土地增值税的纳税人转让的房地产坐落在两个或两个以上地区的，（　　　）。

A.应分别向房地产坐落地各方的主管税务机关申报纳税

B.应向事先选择的房地产坐落地某一方主管税务机关申报纳税

C.应向房地产坐落地的上一级主管税务机关申报纳税

D.应先向机构所在地人民政府缴纳，再向房地产坐落地上一级主管税务机关申报纳税

3.按照土地增值税有关规定，纳税人提供扣除项目金额不实的，在计算土地增值税时，应按照（　　　）。

A.税务部门估定的价格扣除

B.税务部门与房地产主管部门协商价格扣除

C.房地产评估价格扣除

D.房地产原值减除30%后的余值扣除

4.根据《土地增值税暂行条例》的规定，纳税人到房地产所在地的主管税务机关办理纳税申报的时间为（　　）。

A.转让房地产合同签订后的5日内　　　B.转让房地产合同签订后的7日内

C.转让房地产合同签订后的10日内　　D.转让房地产合同签订后的15日内

5.土地增值税实行（　　）。

A.超率累进税率　　B.超额累进税率　　C.比例税率　　　D.定额税率

6.计算土地增值税时，纳税人如果不能按转让房地产项目计算分摊利息支出，其房地产开发费用按取得土地使用权所支付的金额与开发成本之和的一定比例计算扣除，该比例是（　　）。

A.15%以内　　　　B.30%　　　　　C.10%以内　　　　D.20%

二、多项选择题（在每小题列出的四个选项中，有两项或两项以上符合题目要求，请将符合题目要求的选项选出）

1.下列业务中，不属于土地增值税的征税范围的有（　　）。

A.单位之间交换房地产　　　　　　　B.房地产出租

C.房地产继承　　　　　　　　　　　D.房地产销售

2.下列选项中，不用缴纳土地增值税的是（　　）。

A.出租房屋并取得收入的行为　　　　B.以房地产作为抵押向银行贷款的行为

C.房地产的继承　　　　　　　　　　D.转让国有土地使用权

3.转让房地产涉及的税种有（　　）。

A.资源税　　　　　B.增值税　　　　C.土地增值税　　　D.房产税

三、判断题（判断正误，正确的打"√"，错误的打"×"）

1.土地增值税仅涉及内资企业、单位和个人。　　　　　　　　　　（　　）

2.某单位支付土地出让金取得50年土地使用权，该支出不缴纳土地增值税。

（　　）

四、计算题（要求列出计算步骤，每步骤运算得数精确到小数点后两位）

某房地产开发企业2017年建造一住宅出售，取得销售收入2 000万元，按税法规定缴纳城建税及教育费附加110万元，建此住宅支付地价款和相关过户手续费200万元，开发成本为400万元，缴纳印花税3万元。该企业利息支出无法准确计算分摊，该省政府规定的费用扣除比例为10%。

要求：计算该企业应纳的土地增值税税额。

五、实训题

冬青房地产开发公司与乐海公司于2017年10月正式签署一写字楼转让合同，取得转让收入15 000万元，公司即按税法规定缴纳城建税及教育费附加825万元，已知该公司为取得土地使用权而支付的地价款和按国家统一规定缴纳的有关费用共3 000万元；投入房地产开发成本为4 000万元；房地产开发费用中的利息支出为1 200万元（不能按转让房地产项目计算分摊利息支出，也不能提供金融机构证明）。另知该公司所在省人民政府规定的房地产开发费用的计算扣除比例为10%。

要求：计算该公司转让此楼应纳的土地增值税税额，并进行纳税申报。

土地增值税纳税申报表（二）

（从事房地产开发的纳税人清算适用）

税款所属时间：　年　月　日至　年　月　日　　填表日期：　年　月　日

金额单位：元至角分　　　面积单位：平方米

| 纳税人识别号 | | | | | | | | | | | | | | | | | | |

纳税人名称		项目名称		项目编号		项目地址	
所属行业		登记注册类型		纳税人地址		邮政编码	
开户银行		银行账号		主管部门		电话	

总可售面积			自用和出租面积	
已售面积		其中：普通住宅已售面积	其中：非普通住宅已售面积	其中：其他类型房地产已售面积

项　　　　目	行次	金　　额			
		普通住宅	非普通住宅	其他类型房地产	合计
一、转让房地产收入总额　　1＝2＋3＋4	1				
其中　货币收入	2				
其中　实物收入及其他收入	3				
其中　视同销售收入	4				
二、扣除项目金额合计　　5＝6＋7＋14＋17＋21＋22	5				
1.取得土地使用权所支付的金额	6				
2.房地产开发成本　　7＝8＋9＋10＋11＋12＋13	7				
其中　土地征用及拆迁补偿费	8				
其中　前期工程费	9				
其中　建筑安装工程费	10				
其中　基础设施费	11				
其中　公共配套设施费	12				
其中　开发间接费用	13				

续表

项　　　目		行次	金　　额			
			普通住宅	非普通住宅	其他类型房地产	合计
3.房地产开发费用　14＝15＋16		14				
其中	利息支出	15				
	其他房地产开发费用	16				
4.与转让房地产有关的税金等　17＝18＋19＋20		17				
其中	城市维护建设税	18				
	教育费附加	19				
5.财政部规定的其他扣除项目		20				
6.代收费用		21				
三、增值额　23＝1－5		22				
四、增值额与扣除项目金额之比（％）24＝23÷5		23				
五、适用税率（％）		24				
六、速算扣除系数（％）		25				
七、应缴土地增值税税额　27＝23×25－5×26		26				
八、减免税额　28＝30＋32＋34		27				
其中	减免税（1） 减免性质代码（1）	28				
	减免税额（1）	29				
	减免税（2） 减免性质代码（2）	30				
	减免税额（2）	31				
	减免税（3） 减免性质代码（3）	32				
	减免税额（3）	33				
九、已缴土地增值税税额		34				
十、应补（退）土地增值税税额　36＝27－28－35		35				

以下由纳税人填写：

纳税人声明	此纳税申报表是根据《中华人民共和国土地增值税暂行条例》及其实施细则和国家有关税收规定填报的，是真实的、可靠的、完整的。			
纳税人签章		代理人签章		代理人身份证号

以下由税务机关填写：

受理人		受理日期	年　月　日	受理税务机关签章	

本表一式两份，一份纳税人留存，一份税务机关留存。

任务6.10　契税的计算与缴纳

重点难点

1.契税的定义、种类、征税对象、税率。
2.契税应纳税额的计算和纳税申报。

学习指导

1.通过练习理解并掌握契税的基本概念。契税以发生转移的不动产，即土地和房屋为征税对象，具有财产转移课税性质。土地、房屋产权未发生转移的，不征契税。

契税由承受人纳税，即买方纳税。对买方征税的主要目的，在于承认不动产转移生效，承受人纳税以后，便可拥有转移过来的不动产产权或使用权，法律保护纳税人的合法权益。

2.结合实例，根据填表说明及表内关系，掌握纳税申报表的填报。

同步练习

一、单项选择题（在每小题列出的四个选项中，只有一项符合题目要求，请将符合题目要求的选项选出）

1.房屋赠与缴纳契税的计税依据核定应参考（　　　）。

A.协定价格　　　　　B.不征契税　　　　　C.市场价格　　　　　D.评估定价

2.以下不属于契税征税范围的是（　　　）。

A.房屋赠与　　　　　　　　　　　B.以获奖方式取得房屋

C.房屋出租　　　　　　　　　　　D.转让土地使用权

3.以下有关契税的说法正确的有（　　　）。

A.等价房屋交换双方都需缴纳契税

B.不等价交换房屋由收到差价方支付契税

C.不等价交换房屋由支付差价方支付契税

D.李某获奖一套房屋，由于未支付价款故无需缴纳契税

4.下列行为中，不属于契税征税对象的是（　　　）。

A.国有土地使用权出让　　　　　　B.国有土地使用权交换

C.出售国有土地使用权　　　　　　D.农村集体土地承包经营权转移

5.下列各项中，以差额作为契税计税依据的有（　　　）。

A.国有土地使用权出让　　　　　　B.土地使用权出售

C.房屋买卖 　　　　　　　　　　D.房屋交换

二、多项选择题（在每小题列出的四个选项中，有两项或两项以上符合题目要求，请将符合题目要求的选项选出）

1.甲、乙双方发生房屋交换行为，甲方支付差价5万元，下列有关契税缴纳的说法不正确的是（　　　）。

A.由甲方缴纳 　　　　　　　　　B.由乙方缴纳

C.由甲、乙双方各缴一半 　　　　D.甲、乙双方都不缴纳

2.契税的征收对象应具备的基本前提是（　　　）。

A.转移的客体是土地使用权和房屋所有权

B.权属客体必须发生转移

C.发生经济利益关系

D.农村集体土地承包经营权的转让是契税的征收对象

3.契税的征税对象包括（　　　）。

A.国有土地使用权出让 　　　　　B.国有土地使用权转让

C.房屋出租 　　　　　　　　　　D.房屋交换

4.契税的计税依据是（　　　）。

A.房屋成交价格 　　　　　　　　B.房屋租金

C.房屋余值 　　　　　　　　　　D.房屋交换的差额

5.下列各项中，可以享受契税免税优惠的是（　　　）。

A.李教授获奖商品房一套

B.军队承受房屋用于军事设施

C.王女士继承其父母的房屋

D.市民李某按规定第一次购买公有住房

三、判断题（判断正误，正确的打"√"，错误的打"×"）

1.契税的纳税人是在我国境内承受土地、房屋权属转移的单位和个人。　　（　　　）

2.契税的征收范围不包括农村。　　　　　　　　　　　　　　　　　　（　　　）

四、计算题（要求列出计算步骤，每步骤运算得数精确到小数点后两位）

李某2017年将一栋私有房屋出售给王某，成交价格为80万元。李某另将一处三室住房与张某交换成两处两室住房，张某支付换房差价款5万元。已知当地契税税率为3%。

要求：计算李某、王某、张某如何缴纳契税。

五、实训题

居民蔡东2017年购置了一套价值100万元的新住房，同时对原有的两套住房处理如下：一套出售给居民丁城，成交价格50万元；另一套市场价格80万元的住房与居民王强进行等价交换。假定当地省政府规定的契税税率为4%。

要求：计算居民蔡东2017年应缴纳的契税税额，并进行纳税申报。

契税纳税申报表

填表日期：　　年　　月　　日　　　　　　　　　金额单位：元至角分；面积单位：平方米

纳税人识别号

承受方信息	名　　称		□单位　□个人		
	登记注册类型		所属行业		
	身份证照类型		联系人		联系方式
转让方信息	名　　称		□单位　□个人		
	纳税人识别号	登记注册类型		所属行业	
	身份证照类型	身份证照号码		联系方式	
土地房屋权属转移信息	合同签订日期	土地房屋坐落地址		权属转移对象	设立下拉列框*
	权属转移方式	设立下拉列框	用途	设立下拉列框 家庭唯一普通住房	□90平米以上 □90平米及以下
	权属转移面积	成交价格		成交单价	
税款征收信息	评估价格	计税价格		税率	
	计征税额		减免性质代码	减免税额	应纳税额
以下由纳税人填写：					
纳税人声明	此纳税申报表是根据《中华人民共和国契税暂行条例》和国家有关税收规定填报的，是真实的、可靠的、完整的。				
纳税人签章		代理人签章		代理人身份证号	
以下由税务机关填写：					
受理人		受理日期	年　月　日	受理税务机关签章	

本表一式两份，一份纳税人留存，一份税务机关留存。

任务6.11　车辆购置税的计算与缴纳

重点难点

1.车辆购置税的定义、种类、征税对象、税率。

2.车辆购置税应纳税额的计算和纳税申报。

学习指导

1.通过练习理解并掌握车辆购置税的基本概念。在中华人民共和国内购买、进口、自产、受赠、获奖或者以其他方式取得并自用应税车辆的单位和个人，均应缴纳车辆购置税。车辆购置税征收范围包括：汽车、摩托车、电车、挂车、农用运输车。

2.结合实例，根据填表说明及表内关系，掌握纳税申报表的填报。

同步练习

一、单项选择题（在每小题列出的四个选项中，只有一项符合题目要求，请将符合题目要求的选项选出）

1.纳税人购买自用或者进口自用应税车辆，申报的计税价格低于同类型应税车辆的最低计税价格，又无正当理由的，征收车辆购置税应按照（　　）为计税依据。

A.最低计税价格　　　B.市场价格　　　　C.发票价格　　　　D.评估价格

2.下列车辆不需要缴纳车辆购置税的是（　　）。

A.电车　　　　　　　B.消防部门警车　　C.农用运输车　　　D.小轿车

3.现行车辆购置税的税率为（　　）。

A.3%　　　　　　　　B.5%　　　　　　　C.10%　　　　　　　D.15%

4.购买自用应税车辆的，应当自购买之日起（　　）内申报缴纳车辆购置税。

A.30日　　　　　　　B.60日　　　　　　C.7日　　　　　　　D.15日

5.纳税人购买自用应税车辆的计税价格，不包括（　　）。

A.全部价款　　　　　B.价外费用　　　　C.增值税　　　　　D.消费税

二、多项选择题（在每小题列出的四个选项中，有两项或两项以上符合题目要求，请将符合题目要求的选项选出）

1.下列各项中，属于车辆购置税应税行为的是（　　）。

A.购买使用行为　　　B.进口使用行为　　C.受赠使用行为　　D.获奖使用行为

2.下列车辆，属于车辆购置税征税范围的是（　　）。

A.摩托车　　　　　　B.无轨电车　　　　C.半挂车　　　　　D.电动自行车

3.下列业务中，应缴纳车辆购置税的有（　　）。

A.购买应税车辆并自用　　　　　　　　B.进口应税车辆并自用

C.自产应税车辆并自用　　　　　　　　D.受奖应税车辆并自用

三、判断题（判断正误，正确的打"√"，错误的打"×"）

1.每辆车辆只征一次车辆购置税。（　　　　）

2.自产自用的车辆无须缴纳车辆购置税。（　　　　）

四、计算题（要求列出计算步骤，每步骤运算得数精确到小数点后两位）

王明2017年11月，从广汽丰田汽车有限公司购买一辆小汽车供自己使用，支付了含增值税税款在内的款项117 000元，另支付代收临时牌照费300元、代收保险费790

元，支付购买工具件和零配件的价款 3 100 元、车辆装饰费 4 000 元。所支付的款项均由山海大众汽车销售有限公司开具"机动车销售统一发票"和有关票据。

要求：请计算王明应缴纳的车辆购置税税额。

五、实训题

2017 年 12 月，李某从某销售公司（增值税一般纳税人）购买轿车一辆供自己使用，支付含增值税的价款 221 000 元，另支付工具件和零配件含税价款 1 000 元、车辆装饰费 4 000 元、销售公司代收保险费等 8 000 元，支付的各项价款均由销售公司统一开具普通发票。

要求：计算李某应缴纳的车辆购置税税额。

车辆购置税纳税申报表

填表日期：   年   月   日   金额单位：元

纳税人名称		证件名称	
		证件号码	
行业代码		注册类型代码	
联系电话		地　址	
车辆类别代码		生产企业名称	
合格证编号（或货物进口证明书号）		厂牌型号	
车辆识别代号（车架号）		发动机号	
座位		吨位	排量（cc）
机动车销售统一发票	代码	机动车销售统一发票价格	价外费用合计
	号码		
其他有效凭证名称	其他有效凭证号码	其他有效凭证价格	
进口自用车辆纳税人填写右侧项目	海关进口关税专用缴款书（或进出口货物征免税证明）号码		
	关税完税价格	关税	消费税
购置日期		申报计税价格	
委托代办授权声明		申报人声明	
为办理车辆购置税涉税事宜，现授权（　）为代理申报人，提供的凭证、资料是真实、可靠、完整的。任何与本申报表有关的往来文件，都可交予此人。		此纳税申报表是根据《中华人民共和国车辆购置税暂行条例》《车辆购置税征收管理办法》的规定填报的，提供的凭证、资料是真实、可靠、完整的。	
授权人（签名或盖章）：		声明人（签名或盖章）：	

如属委托代办的，应填写以下内容			代理人（签名或盖章）		
代理人名称					
经办人姓名					
经办人证件名称					
经办人证件号码					
核定计税价格	税率	应纳税额	免（减）税额	实纳税额	滞纳金金额
	10%				
接收人：			主管税务机关（章）：		
接收日期： 年 月 日					
备注：车辆类别代码为：1.汽车；2.摩托车；3.电车；4.挂车；5.农用运输车。					

任务6.12 环境保护税的计算与缴纳

重点难点

1.环境保护税的纳税人、税目和税额。

2.环境保护税应纳税额的计算和纳税申报。

学习指导

1.通过练习理解并掌握环境保护税的纳税人、税目、税额及应纳税额的计算。

2.结合实例，根据填表说明及表内关系，掌握纳税申报表的填报。

同步练习

一、单项选择题（在每小题列出的四个选项中，只有一项符合题目要求，请将符合题目要求的选项选出）

1.下列项目中，应当缴纳环境保护税的是（ ）。

A.直接向环境排放应税污染物的

B.向依法设立的污水集中处理场所排放应税污染物的

C.向依法设立的生活垃圾集中处理场所排放应税污染物的

D.在符合国家环境保护标准的设施、场所贮存或者处置固体废物的

2.每一排放口的应税大气污染物，按照污染当量数从大到小排序，对（　　）征收环境保护税。

A.前三项污染物　　　　　　　　　B.后三项污染物

C.前五项污染物　　　　　　　　　D.后五项污染物

3.环境保护税实行的征收办法是（　　）。

A.从价征收　　　　　　　　　　　B.从量征收

C.从量从价征收　　　　　　　　　D.折价征收

二、多项选择题（在每小题列出的四个选项中，有两项或两项以上符合题目要求，请将符合题目要求的选项选出）

1.环境保护税的征税范围包括（　　）。

A.应税大气污染物　　　　　　　　B.应税水污染物

C.应税固体废物　　　　　　　　　D.应税噪声

2.下列关于应税水污染物的环境保护税征收项数说法正确的是（　　）。

A.对第一类水污染物按照前三项征收环境保护税

B.对第一类水污染物按照前五项征收环境保护税

C.对其他类水污染物按照前三项征收环境保护税

D.对其他类水污染物按照前五项征收环境保护税

3.下列关于环境保护税的计税依据说法正确的是（　　）。

A.应税大气污染物按照污染物排放量折合的污染当量数确定

B.应税水污染物按照污染物排放量折合的污染当量数确定

C.应税固体废物按照固体废物的排放量确定

D.应税噪声按照国家规定标准的分贝数确定

三、判断题（判断正误，正确的打"√"，错误的打"×"）

1.应税大气污染物、水污染物的污染当量数，以该污染物的排放量乘以该污染物的污染当量值计算。　　　　　　　　　　　　　　　　　　　　　　　　　　　（　　）

2.应税噪声按照超过国家规定标准的分贝数确定。　　　　　　　　　（　　）

3.纳税义务发生时间为纳税人排放应税污染物的当日。　　　　　　　（　　）

四、计算题（要求列出计算步骤，每步骤运算得数精确到小数点后两位）

某企业6月份向水体直接排放第一类水污染物总汞、总镉、总铬、总砷、总铅、总银各10千克，水污染物每污染当量税额按《环境保护税税目税额表》最低标准1.4元计算。要求：计算该企业水污染物应缴纳的环境保护税税额。

五、实训题

黑山矿业公司8月份产生尾矿2 000吨，其中综合利用的尾矿600吨（符合国家和地方环境保护标准）。

要求：计算该企业尾矿应缴纳的环境保护税税额并填制纳税申报表。

环境保护税纳税申报表（A表）

税款所属期：自 年 月 日至 年 月 日 填表日期： 年 月 日

金额单位：元至角分 统一社会信用代码（纳税人识别号）：

纳税人名称	（公章）		法定代表人姓名					生产经营地址			
开户银行及账号			登记注册类型					电话号码			
税源编号	排放口名称/噪声源名称	税目	污染物名称	计税单位	计税依据	单位税额	本期应纳税额	本期减免税额	本期已缴税额	本期应补（退）税额
（1）	（2）	（3）	（4）	（5）	（6）	（7）	（8）=（6）×（7）	（9）	（10）	（11）=（8）-（9）-（10）
—										
—										
—										
—										
—										
合计	—	—	—	—	—					

授权声明	如果你已委托代理人申报，请填写下列资料： 　　为代理一切税务事宜，现授权_____（地址）_____为本纳税人的代理申报人，任何与本申报表有关的往来文件，都可寄予此人。 授权人签字或盖章：	填报人声明	本纳税申报表是根据国家税收法律法规及相关规定填写的，我确定它是真实的、可靠的、完整的。 填报人签字或盖章：

项目综合练习

一、单项选择题（在每小题列出的四个选项中，只有一项符合题目要求，请将符合题目要求的选项选出）

1.关税税率随进出口商品价格由高到低而由低到高设置，这种计征关税的方法称为（ ）。

A.从价税　　　　　　B.从量税　　　　　　C.复合税　　　　　　D.滑准税

2.下列各项中，应缴纳城镇土地使用税的是（ ）。

A.个人所有的居住房屋及院落用地

B.宗教寺庙出租的土地

C.免税单位使用应税单位的土地

D.企业办的医院、托儿所和幼儿园用地

3.下列各项中，应计入出口货物完税价格的是（ ）。

A.出口关税税额

B.单独列明的支付给境外的佣金

C.货物在我国境内输出地点装载后的运输费用

D.货物在运至我国境内输出地点装载前的保险费

4.纳税人应纳的资源税,应当向应税产品的（　　）税务机关缴纳。

A.所得来源地　　　　　　　　　　　　B.机构所在地

C.居住地　　　　　　　　　　　　　　D.开采、生产所在地

5.下列房屋及建筑物中,属于房产税征税范围的是（　　）。

A.农村的居住用房　　　　　　　　　　B.建在室外的露天游泳池

C.个人拥有的市区营业性用房　　　　　D.尚未使用或出租而待售的商品房

6.下列土地中,免征城镇土地使用税的是（　　）。

A.军事单位出租的土地

B.公园内附设照相馆使用的土地

C.生产企业使用海关部门的免税土地

D.公安部门无偿使用铁路企业的应税土地

7.A企业将货物卖给B企业,双方订立了购销合同,C企业作为该合同的担保人,D先生作为证人,E单位作为鉴定人,则该购销合同印花税的纳税人为（　　）。

A.A企业和B企业

B.A企业、B企业和E单位

C.A企业、B企业和C企业

D.A企业、B企业、C企业、D先生、E单位

8.某公司地处市区,2017年12月实际缴纳增值税40万元,当月委托位于县城的A企业加工应税消费品,A企业代收代缴消费税35万元。该公司当月应缴纳（含被代收代缴）城市维护建设税（　　）。

A.5.25万元　　　　　B.3.75万元　　　　　C.4.55万元　　　　　D.4.65万元

9.关税纳税义务人因不可抗力或者在国际税收政策调整的情况下,不能按期缴纳税款的,经海关总署批准,可以延期缴纳税款,但最长不得超过（　　）。

A.3个月　　　　　B.6个月　　　　　C.9个月　　　　　D.12个月

10.下列企业既是增值税纳税人又是资源税纳税人的是（　　）。

A.在境内销售有色金属矿产品的贸易公司

B.进口有色金属矿产品的企业

C.在境内开采有色金属矿原矿销售的企业

D.在境外开采有色金属矿原矿销售的企业

11.以下关于房产税纳税人和征税范围的说法,正确的是（　　）。

A.房产税的征税对象是房屋和正在建设的建筑物

B.房产税不对外资企业征收

C.房屋产权出典的,以承典人为房产税的纳税人

D.农民出租农村的房屋也应缴纳房产税

12.下列情况中应计算缴纳城镇土地使用税的是（　　）。

A.某县城军事仓库用地 　　　　　　B.某工厂仓库用地

C.某村农产品种植用地 　　　　　　D.市政街道、广场等公共用地

13.下列各项中，不属于印花税应税凭证的是（　　　　）。

A.贷款合同 　　　　　　　　　　　B.工商营业执照

C.营业账簿 　　　　　　　　　　　D.财务报表

14.下列车船，应计算缴纳车船税的是（　　　　）。

A.军队专用车船 　　　　　　　　　B.法院的警用车辆

C.人力三轮车 　　　　　　　　　　D.企业接送职工上下班的班车

15.应纳印花税的凭证应当贴花的时间是（　　　　）。

A.年度内 　　　　B.书立或领受时 　　　C.履行完毕时 　　　D.开始履行时

16.下列企业既是资源税纳税人又是增值税纳税人的是（　　　　）。

A.在境内销售煤炭的贸易公司 　　　B.进口煤炭的企业

C.在境内开采煤炭的企业 　　　　　D.在境外开采煤炭的企业

17.纳税人购买自用应税车辆的计税价格不包括（　　　　）。

A.全部价款 　　　B.价外费用 　　　C.增值税 　　　　D.消费税

18.土地增值税实行的税率形式是（　　　　）。

A.超率累进税率 　　B.比例税率 　　　C.定额税率 　　　D.超额累进税率

19.每一排放口的应税其他类水污染物，按照污染当量数从大到小排序，对（　　　　）征收环境保护税。

A.前三项污染物 　　B.后三项污染物 　　C.前五项污染物 　　D.后五项污染物

20.纳税人排放应税大气污染物或者水污染物的浓度值低于国家和地方规定的污染物排放标准50%的，减按（　　　　）征收环境保护税。

A.30% 　　　　　　B.50% 　　　　　　C.75% 　　　　　　D.100%

二、多项选择题（在每小题列出的四个选项中，有两项或两项以上符合题目要求，请将符合题目要求的选项选出）

1.下列各项中，属于关税纳税人的是（　　　　）。

A.进口货物的收货人 　　　　　　　B.出口货物的发货人

C.进出口货物的经纪人 　　　　　　D.进出境物品的所有人

2.下列各项中，应当计入进口货物关税完税价格的是（　　　　）。

A.由买方负担的购货佣金

B.由买方负担的境外包装材料费用

C.由买方负担的境外包装劳务费用

D.由卖方负担的与进口货物视为一体的容器费用

3.下列各项中，属于资源税纳税人的是（　　　　）。

A.开采原煤的国有企业 　　　　　　B.进口铁矿石的私营企业

C.开采石灰石的个体经营者 　　　　D.开采天然原油的外商投资企业

4.下列收购未税矿物产品的单位能够成为资源税扣缴义务人的是（　　　　）。

A.收购未税矿石的独立矿山 　　　　B.收购未税矿石的个体经营者

C.收购未税矿石的联合企业　　　　　　D.收购未税矿石的冶炼厂

5.下列各项中，应当缴纳资源税的是（　　　）。

A.煤矿产生的天然气　　　　　　　　　B.自采未税原煤加工的洗选煤

C.煤球　　　　　　　　　　　　　　　D.固体盐

6.下列情形中，应由房产代管人或者使用人缴纳房产税的是（　　　）。

A.房屋承典人不在房屋所在地的　　　　B.房屋租典纠纷未解决的

C.房屋产权所有人不在房屋所在地的　　D.房屋产权未确定的

7.以下关于城镇土地使用税的规定，正确的是（　　　）。

A.城镇土地使用税适用税额为有幅度的差别税额，每个幅度税额的差距定为20倍

B.纳税额实际占用的土地面积尚未组织测量且未核发土地使用证书，应由纳税人申报土地面积，并以此作为计税依据计算征收城镇土地使用税

C.经济发达地区城镇土地使用税的适用税额标准可以适当提高，但提高额不得超过暂行条例规定的最高税额的30%

D.经省、自治区、直辖市人民政府批准，经济落后地区城镇土地使用税的适用税额标准可以适当降低，但降低额不得超过暂行条例的最低税额的30%

8.以下关于我国车船税税目税率的表述正确的是（　　　）。

A.车船税实行定额税率

B.客货两用汽车按照货车征税

C.半挂牵引汽车和挂车按照货车征税

D.拖船和非机动驳船分别按机动船舶税额的70%计算征税

9.下列各项中，符合城镇土地使用税纳税义务发生时间规定的是（　　　）。

A.纳税人新征用的耕地，自批准征用之月起缴纳城镇土地使用税

B.纳税人出租房产，自交付出租房产之次月起缴纳城镇土地使用税

C.纳税人新征用的非耕地，自批准征用之月起缴纳城镇土地使用税

D.纳税人购置新建商品房，自房屋交付使用之次月起缴纳城镇土地使用税

10.下列车辆中，不需要缴纳车船税的是（　　　）。

A.军队专用车　　　　　　　　　　　　B.残疾人专用摩托车

C.警用车　　　　　　　　　　　　　　D.纯电动汽车

11.下列各项中，应按"产权转移书据"税目征收印花税的是（　　　）。

A.土地使用权转让合同　　　　　　　　B.商品房销售合同

C.技术转让合同　　　　　　　　　　　D.土地使用权出让合同

12.以下关于印花税税率的说法正确的是（　　　）。

A.购销合同适用比例税率，税率为万分之三

B.印花税的税率有两种形式，即比例税率和定额税率

C.记载资金的营业账簿适用定额税率，税额为每件5元

D.企业的财务报表按照权利许可证照计税，税额为每件5元

13.下列项目中，不属于城建税计税依据的是（　　　）。

A.纳税人实际缴纳的"两税"税额

B.纳税人违反"两税"有关规定而被处以的罚款

C.纳税人实际缴纳的土地增值税

D.受托方代收代缴的消费税

14.下列货物中,应征收资源税的是( )。

A.进口原油 B.生产销售固体盐

C.销售以未税原煤加工的洗选煤 D.开采销售有色金属矿原矿

15.转让房地产涉及的税种有( )。

A.城建税 B.土地使用税 C.土地增值税 D.房产税

16.下列业务中,属于契税的征税范围的是( )。

A.国有土地使用权出让 B.土地使用权的转让

C.农村集体土地承包经营权的转移 D.房屋买卖

17.下列项目中,属于印花税征税范围的是( )。

A.经济合同 B.产权转移书据 C.权利许可证照 D.会计报表

18.下列业务中,属于车辆购置税纳税人的是( )。

A.以购买方式取得并自用应税车辆的单位和个人

B.以进口方式取得并自用应税车辆的单位和个人

C.以自产方式取得并自用应税车辆的单位和个人

D.以获奖方式取得并自用应税车辆的单位和个人

三、判断题(判断正误,正确的打"√",错误的打"×")

1.由买方负担的购货佣金不得计入进口货物的关税完税价格。 ( )

2.医院占用耕地,属于免征耕地占用税的情形。 ( )

3.出租房屋房产税应以房产售价作为计税依据。 ( )

4.房屋产权出典的,以承典人为房产税的纳税人。 ( )

5.印花税纳税人中的立账簿人是指设立经营账簿的会计。 ( )

6.对专利权转让合同应按"产权转移书据"税目征收印花税。 ( )

7.只有同时缴纳增值税、消费税的纳税人才能成为城建税的纳税人。 ( )

8.耕地占用税实行按年计算、分期缴纳的征收办法。 ( )

9.个人之间将房屋产权相互交换,免征契税。 ( )

10.车辆购置税的征税范围与车船税的征税范围相同。 ( )

四、计算题(要求列出计算步骤,每步骤运算得数精确到小数点后两位)

1.大洋进出口公司2017年8月从美国进口一批化工原料共500吨,货物以境外口岸离岸价格成交,单价折合人民币为20 000元/吨,买方承担包装费每吨500元人民币,另向中介支付佣金每吨1 000元人民币,向自己的采购代理人支付购货佣金5 000人民币。已知该批货物运抵中国境内输入地点起卸前的运输费、保险费和其他劳务费用为每吨2 000元人民币,进口后另发生运输费和装卸费用300元人民币。

要求:计算该批化工原料的关税完税价格。

2.青山铜矿厂2017年10月销售铜矿石原矿6 000吨,实现不含税销售额2 400万元,按规定适用税率为6%。

要求：计算该铜矿厂10月应缴纳的资源税税额。

3.广元市的一家企业2017年使用土地面积为4 000平方米，经税务机关核定，该土地为应税土地，每平方米年税额为6元。

要求：计算该企业全年应缴纳的城镇土地使用税税额。

4.清华公司2017年出租房屋10间，年租金收入为600 000元，适用税率为12%。

要求：计算该公司应缴纳的房产税税额。

5.2017年度某运输公司拥有载客人数9人以下的小汽车20辆，载客人数9人以上的客车30辆，载货汽车15辆（每辆整备质量8吨），另有纯电动汽车8辆。小汽车适用的车船税年税额为每辆800元，客车适用的车船税年税额为每辆1 200元，货车适用的车船税年税额为整备质量每吨60元。

要求：计算该运输公司2017年度应缴纳的车船税税额。

6.2017年9月某电厂与某水运公司签订一份运输保管合同，合同载明的费用为500 000元（运费和保管费为分别记载）。货物运输合同的印花税税率为0.5‰，仓储保管合同的印花税税率为1‰。

要求：计算该项合同双方各应缴纳的印花税税额。

7.阳光有限责任公司2017年8月实际缴纳增值税300 000元、消费税400 000元。

要求：计算该公司应缴纳的城建税税额和教育费附加。

8.振华饲料厂2017年9月为扩大生产规模，购得一块土地的使用权，成交价格为1 000万元，当地规定的契税适用税率为3%。

要求：计算该企业应缴纳的契税税额。

9.恒利家具厂，2017年11月从汽车销售公司购买轿车一辆，支付含增值税的价款221 000元。

要求：计算恒利家具厂应缴纳的车辆购置税税额。

五、实训题

【实训一】

（一）实训目的

通过学习印花税的概念、特征及其纳税人、税目、税率等主要税收法律规定全面认识印花税，并掌握印花税的计算与缴纳。

（二）实训资料

海青有限责任公司（下面简称"海青公司"），2017年9月1日开业，领受房屋产权证、工商营业执照、商标注册证、土地使用证各一件，与其他企业订立转移专有技术使用权书据一件，所载金额为80万元；订立产品购销合同两件，所载金额为300万元；订立借款合同一份，所载金额为40万元。此外，企业的营业账簿中，"实收资本"科目载有资金500万元，另有其他账簿4本。

（三）实训要求

1.海青公司2017年9月应缴纳多少印花税？

2.海青公司应如何进行印花税的纳税申报？

【实训二】

（一）实训目的

本任务是通过学习房产税的概念、特征及其纳税人、税目、税率等主要税收法律规定全面认识房产税，并掌握房产税的计算与缴纳。

（二）实训资料

永乐公司2017年年初固定资产账户中反映的房产原值为3 000万元，建筑面积为3 000万平方米，其中房产原值为600万元、建筑面积为600万平方米的房屋在2012年年初就已经出租，租期为5年，月租金为15万元。本年没有发生增减变化。该公司每年分二次缴纳房产税（当地房产原值减除比例为30%）。

（三）实训要求

1.永乐公司2017年上半年应缴纳多少房产税？

2.永乐公司应如何进行房产税的纳税申报？

【实训三】

（一）实训目的

本任务是通过学习城市维护建设税和教育费附加的概念、特征及其纳税人、税率等主要税收法律规定全面认识城市维护建设税和教育费附加，并掌握其计算与缴纳。

（二）实训资料

兴城公司2017年8月共缴纳增值税200万元、消费税260万元和关税102万元，其中：进口环节缴纳的增值税为50万元，进口环节缴纳的消费税为100万元。

（三）实训要求

1.兴城公司2017年应缴纳多少城市维护建设税和教育费附加？

2.兴城公司应如何进行城市维护建设税和教育费附加的纳税申报？

综合自测题（一）

一、单项选择题（本大题20个小题，每小题1分，共20分。在每小题列出的4个选项中，只有1项符合题目要求，请将符合题目要求的选项选出）

1. 如果某税种规定只就超过征税对象一定数额部分征税，该免予征税的数额称为（　　）。

A.免征额　　　　　B.起征点　　　　　C.减税额　　　　　D.抵免额

2. 下列各项中，不属于增值税征收范围的是（　　）。

A.提供装修服务　　B.提供金融服务　　C.公益服务　　　　D.提供旅游服务

3. 某工厂（一般纳税人）发生的下列行为中，应视同销售货物计算销项税额的是（　　）。

A.将购买的货物用于职工福利　　　　　B.将购买的货物用于个人消费

C.将购买的货物用于对外投资　　　　　D.将购买的货物用于生产应税产品

4. 下列项目中不允许扣除进项税额的是（　　）。

A.外购运输服务　　B.外购广告服务　　C.外购餐饮服务　　D.外购仓储服务

5. 下列产品中不属于消费税征税范围的是（　　）。

A.高档手表　　　　B.高尔夫球　　　　C.高级实木家具　　D.高档化妆品

6. 实行从价定率征税的应税消费品，计算消费税的销售额（　　）。

A.含消费税不含增值税　　　　　　　　B.含增值税不含消费税

C.不含消费税和增值税　　　　　　　　D.含消费税和增值税

7. 某烟花制造厂2017年9月将自产的鞭炮焰火作为福利发给本厂职工，该批产品成本共计10万元，成本利润率为5%，消费税税率为15%，无同类产品销售价格，应纳消费税为（　　）。

A. ［10×（1+5%）］÷（1-15%）×15%　　B. ［10×（1+5%）］÷（1-5%）×15%

C. 10×15%　　　　　　　　　　　　　　D. ［10×（1+5%）］÷（1+15%）×15%

8. 下列项目中，应按6%的税率征收增值税的是（　　）。

A.物流辅助　　　　B.修筑桥梁　　　　C.房屋修缮　　　　D.房屋租赁

9. 下列各项中，应按"建筑业"项目征收增值税的是（　　）。

A.自建自用建筑物　　　　　　　　　　B.出租建筑物

C.购买房屋　　　　　　　　　　　　　D.房屋装饰

10. 下列混合销售行为中，应当按照销售货物缴纳增值税的是（　　）。

A.家电商场销售普通空调的同时负责安装

B.影楼提供婚纱摄影服务的同时销售镜框

C.电信部门提供电信服务的同时销售通讯工具

D.歌舞厅提供娱乐服务的同时销售烟酒饮料

11.2017年10月，某建筑公司（小规模纳税人）取得建筑工程收入30万元（含税），人工和材料费支出为10万元，该公司的应纳增值税额为（   ）。

A.9 000元   B.8 737.86元   C.33 000元   D.5 825.24元

12.企业发生的公益性捐赠支出，准予在计算应纳税所得额时按照12%的比例扣除的计算基数是（   ）。

A.会计利润总额   B.应纳税所得   C.收入总额   D.主营业务收入

13.纳税人在计算应纳税所得额时，不允许从收入总额中扣除的税金是（   ）。

A.增值税   B.消费税   C.资源税   D.城建税

14.企业纳税年度发生的亏损，准予向以后年度结转，用以后年度的所得弥补，但结转年限最长不得超过（   ）。

A.3年   B.5年   C.7年   D.10年

15.根据资源税法律制度的规定，下列各项中，不属于资源税征税范围的是（   ）。

A.天然气   B.食盐   C.原油   D.液体盐

16.下列各项中，应当缴纳土地增值税的是（   ）。

A.继承房地产的行为   B.以房地产作抵押向银行贷款
C.出售房屋并取得收入   D.出租房屋并取得收入

17.某企业2017年拥有房产原值为2 200万元，已知当地政府规定的扣除比例为30%，该企业2017年度应纳房产税为（   ）。

A.18.48万元   B.184.8万元   C.26.4万元   D.79.2万元

18.下列应缴纳印花税的凭证是（   ）。

A.房屋产权证、工商营业执照、税务登记证、营运许可证
B.土地使用证、专利证、特殊行业经营许可证、房屋产权证
C.商标注册证、卫生许可证、土地使用证、营运许可证
D.房屋产权证、工商营业执照、商标注册证、专利证、土地使用证

19.根据《税收征收管理法》的规定，从事生产经营的纳税人向税务机关申报办理税务登记的时间是（   ）。

A.自领取营业执照之日起15日内   B.自领取营业执照之日起30日内
C.自领取营业执照之日起45日内   D.自领取营业执照之日起60日内

20.在下列情况下，企业需要办理注销登记的有（   ）。

A.企业改变开户银行   B.企业改变住所但不改变主管税务机关
C.企业改变法定代表人   D.企业被吊销营业执照

二、多项选择题（本大题10个小题，每小题2分，共20分。在每小题列出的四个选项中，有两项或两项以上符合题目要求，请将符合题目要求的选项选出）

1.现行政策规定，下列纳税人应按一般纳税人征税的有（   ）。

A.年应税销售额达到60万元的某工厂
B.年应税服务额达到600万元的某运输公司

C.年应税销售额达到70万元的某商场

D.年应税销售额达到100万元的非企业性单位

2.根据增值税暂行条例及其实施细则的规定，下列属于增值税扣税凭证的是（　　）。

A.农产品收购发票 　　　　　　　B.增值税专用发票

C.增值税普通发票 　　　　　　　D.海关的进口增值税专用缴款书

3.下列服务业中，按规定应征收增值税的是（　　）。

A.交通运输服务 　　　　　　　　B.研发和技术服务

C.物流辅助服务 　　　　　　　　D.广播影视服务

4.消费税有三种计税办法（　　）。

A.从量征收 　　　　　　　　　　B.从价征收

C.从量从价复合征收 　　　　　　D.实物征收

5.下列属于消费税纳税环节的是（　　）。

A.生产销售环节　　B.委托加工环节　　C.卷烟批发环节　　D.卷烟零售环节

6.下列项目中，属于增值税征收范围的是（　　）。

A.转让土地使用权 　　　　　　　B.获得保险赔款

C.从事旅游服务 　　　　　　　　D.取得存款利息

7.下列项目中，属于企业所得税纳税人的是（　　）。

A.国有企业　　　B.有限责任公司　　C.个人独资企业　　D.合伙企业

8.根据城镇土地使用税法律制度的规定，在城市、县城、建制镇和工矿区范围内，下列单位中，属于城镇土地使用税纳税人的有（　　）。

A.拥有土地使用权的集体企业

B.拥有土地使用权的国有公司

C.使用土地的外商投资企业

D.使用土地的外国企业在中国境内设立的机构

9.根据车船税法律制度的规定，下列车辆中应当缴纳车船税的有（　　）。

A.乘用车　　　B.挂车　　　C.摩托车　　　D.自行车

10.根据《契税暂行条例》的规定，下列各项中，属于契税征税对象的有（　　）。

A.房屋买卖 　　　　　　　　　　B.国有土地使用权出让

C.房屋赠与 　　　　　　　　　　D.农村集体土地承包经营权转移

三、判断题（本大题10个小题，每小题1分，共10分。正确的打"√"，错误的打"×"）

1.征税对象的数额没有达到起征点的不征税，达到或超过起征点的，就其全部数额征税。　　　　　　　　　　　　　　　　　　　　　　　　　　　　　（　　）

2.增值税纳税人按会计核算水平和利润规模，分为一般纳税人和小规模纳税人。　　　　　　　　　　　　　　　　　　　　　　　　　　　　　　　　（　　）

3.我国增值税税率包括17%、11%、6%及适用于出口货物或服务的零税率。　　　　　　　　　　　　　　　　　　　　　　　　　　　　　　　　　　（　　）

4.一般纳税人外购货物只要取得合法的扣税凭证，就能够抵扣进项税额。　（　　）

5.纳税人自产自用的应税消费品，均应缴纳消费税和增值税。　（　　）

6.委托加工的应税消费品，除受托方为个人外，由受托方向机构所在地或者居住地的主管税务机关解缴消费税税款。　（　　）

7.在我国境内提供加工修理修配劳务的增值税税率为17%，服务性劳务的增值税税率为6%。　（　　）

8.在计算应纳税所得额时，企业财务会计处理办法与税收法律法规规定不一致的，应当依照税收法律法规的规定计算。　（　　）

9.企业为投资者或者职工支付的商业保险费，在计算应纳税所得额时，可以扣除。　（　　）

10.纳税人新征用的耕地，自批准征用之次日起开始缴纳城镇土地使用税。（　　）

四、计算题（本大题4个小题，共50分）

1.某食品厂为增值税一般纳税人，2017年8月的购销情况如下：

（1）填开增值税专用发票销售应税货物，不含税销售额达到850 000元。

（2）填开普通发票销售应税货物，销售收入42 120元。

（3）购进生产用原料的免税农业产品，农产品收购发票注明买价685 454.55元。

（4）购进辅助材料128 000元，增值税专用发票注明税额21 760元。

（5）支付广告费，并取得广告公司开具的增值税专用发票注明广告费1 000元。

（6）该厂用价值20 000元（不含增值税）的食品换进某面粉厂一批面粉，换进面粉的价值是18 000元（不含增值税），双方均开具了增值税专用发票。

要求：计算该食品厂应缴纳的增值税税额。（15分）

2.2017年8月，临沂阳光租赁公司（一般纳税人）本月取得建筑设备租赁收入300 000元（不含税），开具了增值税专用发票；取得房屋租赁收入33 300元（含税），开具了增值税普通发票。本月购进各种租赁用物资，取得的增值税专用发票上注明税款42 000元。

要求：计算当月应纳增值税额。（9分）

3.北方汽车轮胎厂2017年度有关经营情况如下：

（1）全年实现产品销售收入5 000万元、其他业务收入30万元，应结转产品销售成本为3 000万元，应缴纳增值税90万元、消费税110万元、城建税及教育费附加20万元。

（2）当年发生期间费用如下：销售费用250万元，财务费用12万元（其中，逾期贷款罚息2万元、未完在建工程利息5万元），管理费用802万元（其中，业务招待费50万元）。

（3）发生营业外支出70万元（环保部门罚款1万元）。

（4）全年已计入各项成本费用中的实发工资总额为290万元，职工福利费支出为50万元，工会经费为6万元，职工教育经费为8万元。

要求：根据以上资料，计算该企业2017年应当缴纳的企业所得税税额。（16分）

4.某公司职员黄先生2017年12月收入情况如下：

（1）月工资4 500元。

（2）取得银行存款利息收入 2 500 元、国债利息收入 2 000 元。

（3）为其他单位提供一次工程设计，取得劳务报酬收入 20 000 元。

（4）因自用车交通事故获得保险赔款 6 000 元。

要求：计算黄先生本月应缴纳的个人所得税税额。（10 分）

综合自测题（二）

一、单项选择题（本大题 20 个小题，每小题 1 分，共 20 分。在每小题列出的四个选项中，只有一项符合题目要求，请将符合题目要求的选项选出）

1.国家征税的依据是（　　）。

A.财产权力　　　　B.政治权力　　　　C.公权　　　　D.资金所有权

2.税法中规定的直接负有纳税义务的单位和个人是指（　　）。

A.纳税人　　　　B.扣缴义务人　　　　C.负税人　　　　D.委托代征人

3.同一征税对象，不论金额大小，实行同一税率，这种税率是指（　　）。

A.累进税率　　　　B.比例税率　　　　C.定额税率　　　　D.复合税率

4.计算销项税额的销售额不包括（　　）。

A.全部价款　　　　B.价外费用　　　　C.增值税　　　　D.消费税

5.新华超市（小规模纳税人）2017 年 8 月实现零售额 7 210 元，本月购货 2 900 元，支付水电费 200 元，其应纳增值税为（　　）。

A.210 元　　　　B.208 元　　　　C.216.32 元　　　　D.306.11 元

6.下列不属于印花税征税范围的有（　　）。

A.营业账簿　　　　　　　　　　B.会计报表

C.产权转移书据　　　　　　　　D.合同及合同性质的凭证

7.采用预收款方式销售不动产的，增值税的纳税义务发生时间为（　　）。

A.不动产转移的当天　　　　　　B.收到全部款项的当天

C.收到预收款的当天　　　　　　D.签订合同的当天

8.下列产品，应缴纳消费税的是（　　）。

A.大型货车　　　　B.煤气　　　　C.实木地板　　　　D.图书

9.纳税人在计算应纳税所得额时，允许从收入总额中扣除的流转税金是（　　）。

A.增值税　　　　B.消费税　　　　C.土地增值税　　　　D.耕地占用税

10.纳税人在计算应纳税所得额时，不得扣除的项目是（　　）。

A.业务招待费　　　　　　　　　B.税收罚款

C.公益救济性捐赠　　　　　　　D.从非金融机构借款的利息支出

11.某商场 2012 年度发生亏损，按规定该亏损额延续弥补的期限最长不得超过（　　）。

A.2014 年　　　　B.2015 年　　　　C.2016 年　　　　D.2017 年

12.个人用于公益救济性捐赠、不超过其应纳税所得额的一定比例的部分，缴纳个人所得税时可以扣除，该比例是（　　）。

A.30%　　　　B.3%　　　　C.33%　　　　D.20%

13.某企业2015年亏损10万元，2016年度亏损20万元，2017年盈利60万元，2017年应纳企业所得税为（   ）。

A.6.5万元   B.7.5万元   C.8.5万元   D.15万元

14.下列所得中，可免缴个人所得税的有（   ）。

A.国债利息收入   B.偶然所得   C.专利收入   D.月奖金

15.下列情况中不缴纳资源税的有（   ）。

A.胜利油田开采销售石油   B.九州加油站销售汽油

C.渤海盐场生产销售盐   D.沂南金矿开采销售金矿石

16.某饮料厂（一般纳税人）2017年10月将新试制的饮料一批作为福利发给本厂职工，无同类产品销售价格，该批产品成本共计10万元，销项税额为（   ）。

A.1.7万元   B.1.87万元   C.1万元   D.1.78万元

17.根据《企业所得税法》的规定，下列收入中可以免征企业所得税的是（   ）。

A.营业外收入   B.租金收入   C.国债利息收入   D.接受捐赠收入

18.企业发生的公益性捐赠支出，准予在计算应纳税所得额时按12%的比例计算扣除，计算基数是（   ）。

A.应纳税所得额   B.会计利润总额   C.收入总额   D.主营业务收入额

19.企业在计算应纳税所得额时，发生的职工工会经费、职工福利费、职工教育经费支出，准予扣除的比例分别是（   ）。

A.14%、2%、1.5%   B.2%、14%、2.5%

C.2.5%、14%、2%   D.1.5%、2%、14%

20.企业安置残疾人员的，在按照支付给残疾职工工资据实扣除的基础上，允许按照支付给残疾职工工资的一定比例加计扣除，该比例是（   ）。

A.200%   B.100%   C.300%   D.50%

二、多项选择题（本大题10个小题，每小题2分，共20分。在每小题列出的四个选项中，有两项或两项以上符合题目要求，请将符合题目要求的选项选出）

1.我国现行税制中实行的税率形式是（   ）。

A.比例税率   B.定额税率   C.超额累进税率   D.税负率

2.根据增值税的有关规定，下列属于增值税法定扣税凭证的是（   ）。

A.农产品收购发票   B.增值税专用发票

C.农产品销售发票   D.进口的增值税专用缴款书

3.下列情况中，允许抵扣进项税额的是（   ）。

A.外购材料   B.外购材料发生运费

C.外购设备   D.外购不动产

4.下列属于消费税纳税环节的是（   ）。

A.生产销售环节   B.委托加工环节

C.进口环节   D.金银首饰零售环节

5.依据增值税的有关规定，下列行为属于增值税征收范围的是（   ）。

A.供电公司销售电力   B.律师事务所提供公益服务

C.修理店修理电动车　　　　　　　　　　D.建筑公司获得保险赔款

6.下列产品应缴纳消费税的是（　　　）。

A.电动车　　　　B.高档化妆品　　　　C.啤酒　　　　D.音像制品

7.下列行为应当按照11%的税率缴纳增值税的是（　　　）。

A.土地租赁　　　B.面粉加工　　　C.房屋修缮　　　D.生活服务

8.企业所得税的纳税人不包括（　　　）。

A.内资企业　　　B.合伙企业　　　C.外商投资企业　　　D.个人独资企业

9.个人取得的应税所得中，按超额累进税率计算税款的所得有（　　　）。

A.工资薪金所得　　　　　　　　B.个体户的生产经营所得

C.承租、承包经营所得　　　　　　D.偶然所得

10.下列混合销售行为中，应当按照销售服务征收增值税的是（　　　）。

A.家电商场销售电视并实行有偿送货上门

B.饭店提供餐饮服务并销售酒水

C.塑钢门窗商店销售产品并为客户安装

D.影楼提供婚纱摄影服务并销售镜框

三、判断题（本大题10个小题，每小题1分，共10分。正确的打"√"，错误的打"×"）

1.摩托车厂将自产的摩托车无偿赠送给客户，应视同销售缴纳增值税和消费税。
（　　　）

2.纳税人当期销项税额小于当期进项税额不足抵扣时，其不足部分应视同退税。
（　　　）

3.我国现行增值税的征收范围只涉及货物及加工修理修配劳务，不涉及服务。
（　　　）

4.进口应税消费品，在境内实现销售收入后再缴纳消费税。　　　　　　（　　　）

5.企业将购进的食品用于发放职工福利的行为，不征增值税。　　　　（　　　）

6.企业无论是盈利或亏损，均应向主管税务机关报送所得税申报表和会计报表。
（　　　）

7.所有占用土地的单位和个人都是土地使用税的纳税人。　　　　　（　　　）

8.在资产重组过程中，涉及的不动产、土地使用权转让行为，应当缴纳增值税。
（　　　）

9.起征点是税法规定的征税对象达到开始征税数额的界限，未达到起征点的不征税，达到或超过起征点的，就其超过部分征税。　　　　　　　　　　（　　　）

10.房地产开发商有偿转让国有土地使用权，应缴纳增值税和土地增值税。（　　　）

四、计算题（本大题4个小题，共50分）

1.东风摩托车制造厂2017年9月销售摩托车15万辆，实现不含税销售额4 000万元；零售摩托车5万辆，实现含税销售额1 755万元；购进各种原材料，取得专用发票，注明税款408万元。（注：适用消费税税率为3%）

要求：计算该企业应缴纳的增值税及消费税额。（10分）

2.临沂市华阳建筑公司为一般纳税人，2017年12月份在费县承包的一项建材厂厂房扩建项目（2016年5月1日后开工）完工，共收取工程款120万元（含税），本月购进建筑材料一批，取得的增值税专用发票上注明价款300 000元，税款51 000元；支付运输费用，取得的增值税专用发票上注明价款10 000元，税款1 100元。支付水电费，取得的增值税专用发票上注明税款2 500元，已在费县预交增值税26 000元。

要求：计算当月应纳增值税额。（12分）

3.临沂市电器制造公司2017年度（2016年度税务机关认定亏损30万元）有关经营业务如下：

（1）主营业务收入8 600万元。

（2）其他业务收入200万元。

（3）营业外收入12万元。

（4）国债利息收入30万元，从某居民企业分回税后投资收益15万元。

（5）主营业务成本5 300万元。

（6）应缴纳增值税90万元、城建税及教育费附加9万元。

（7）销售费用1 650万元，其中广告费1 400万元、赞助费支出29万元。

（8）管理费用400万元，其中业务招待费90万元、技术开发费250万元。

（9）财务费用80万元，其中逾期罚息支出3万元、向商贸企业借款500万元所支付的年利息费用40万元（当年金融企业贷款的年利率为6%）。

（10）营业外支出300万元，其中直接向某职业学校捐款48万元、通过公益性社会团体向贫困山区捐款150万元、车辆罚款2万元、列支自然灾害全部损失50万元（获保险公司理赔30万元）。

（11）计入成本、费用中的实发工资540万元，发生的工会经费15万元、职工福利费82万元、职工教育经费18万元。

要求：计算企业2017年度应补（退）企业所得税额。（企业已预缴企业所得税250万元）。（16分）

4.假设张先生（中国居民）2017年度的收入情况如下：

（1）1—12月，每月应税工资收入（不含按规定缴纳的基本养老保险费、基本医疗保险费、失业保险费和住房公积金）均为6 000元。

（2）2月，转让一项专利技术使用权给A公司，成交价格为12 000元。

（3）3月，因检举揭发违法犯罪行为获得政府部门的奖励2 000元。

（4）4月，为B公司设计软件获得收入160 000元。

（5）5月，参加电视台的有奖竞猜获得奖品价值600元。

（6）6月，获得省政府颁发的科技奖5 000元。

（7）7月，因购房领取原提存的住房公积金30 000元。

（8）8月，购买的国库券到期，获得利息3 000元。

（9）9月，出版一本专著，获得稿酬20 000元，通过市教委向某职业学校捐赠10 000元。

要求：根据以上资料，计算其本年度应缴纳的个人所得税税额。（12分）

附录一　各项目同步练习和综合练习参考答案

项目一　税收基本知识

任务1.1　认识税收

同步练习

一、单项选择题

1	2	3	4	5	6	7	8	9	10	11	12	13	14	15
B	B	D	A	C	C	C	B	C	C	A	B	A	B	A

二、多项选择题

1	2	3	4	5	6	7	8	9	10
ACD	ABCD	ABC	ABC	ABCD	BC	BCD	BCD	ABC	BC

11	12	13	14	15
ABD	ABC	ABCD	BC	ABCD

三、判断题

1	2	3	4	5	6	7	8	9	10	11	12	13	14	15
√	√	×	×	×	√	×	√	×	√	√	×	×	×	×

四、计算题

（1）甲不交税，乙应交100元，丙应交100.10元。

（2）甲不交税，乙不交税，丙应交0.1元。

任务1.2　税务登记

同步练习

一、单项选择题

1	2	3	4	5	6
A	C	B	A	D	D

二、多项选择题

1	2	3	4	5	6	7	8
ABCD	ABCD	AC	ABCD	ABCD	ABCD	ABC	AB

三、判断题

1	2	3	4	5	6	7
×	×	×	√	×	√	√

项目综合练习

一、单项选择题

1	2	3	4	5	6	7	8	9	10
C	B	C	C	A	D	A	C	B	D

二、多项选择题

1	2	3	4	5	6	7	8	9	10
ACD	AB	ABC	BC	BCD	BC	ACD	ABCD	BD	ABCD

三、判断题

1	2	3	4	5	6	7	8	9	10
×	×	√	×	×	√	×	×	×	√

项目二　增值税的计算与缴纳

任务2.1　认识增值税

同步练习

一、单项选择题

1	2	3	4	5	6	7	8	9	10	11	12	13	14
C	D	D	B	C	C	C	B	C	A	C	C	A	B

二、多项选择题

1	2	3	4	5	6	7	8	9	10
BC	AC	ABCD	AB	AC	ACD	BCD	ABC	ABCD	AD
11	12	13	14	15	16	17	18		
BC	ABCD	ABC	AB	AC	ABC	AC	ABCD		

三、判断题

1	2	3	4	5	6	7	8	9	10	11	12	13	14	15
×	×	×	√	√	√	√	×	√	×	√	×	×	√	√

任务2.2　增值税的计算

同步练习

一、单项选择题

1	2	3	4	5	6	7	8	9	10
C	B	B	A	A	B	A	C	D	D

二、多项选择题

1	2	3	4	5	6	7	8	9	10
ABCD	CD	ABCD	ABCD	ABCD	ABD	ABC	ABCD	BD	AD

三、判断题

1	2	3	4	5	6	7	8	9	10
√	√	√	√	×	√	√	×	×	×

四、计算题

1.（1）进项税额=2 040+330+1 700+110-1 020+1 190+910=5 260（元）

（2）销项税额=2 500×17%+60 000×17%+9 360÷（1+17%）×17%=11 985（元）

（3）应纳增值税额=11 985-5 260=6 725（元）

2.（1）进项税额=17 000+5 100+13 600+300=36 000（元）

（2）销项税额=450 000×11%+55 500÷（1+11%）×11%=55 000（元）

（3）应纳增值税额=55 000-36 000=19 000（元）

3.应纳增值税额=（200 000+150 000+165 000）÷（1+3%）×3%=15 000（元）

4.应纳增值税额=（10 300+30 900）÷（1+3%）×3%=1 200（元）

5.（1）组成计税价格=250+50=300（万元）

（2）应纳增值税额=300×17%=51（万元）

五、案例分析题

1.

（1）	（2）	（3）	（4）	（5）
B	B	A	B	AC

2.

（1）	（2）	（3）	（4）	（5）
A	AC	BC	B	A

3.

（1）	（2）	（3）	（4）	（5）
ABCD	AB	A	C	A

4.

（1）	（2）	（3）	（4）	（5）
AD	B	ABC	C	A

任务 2.3　增值税的缴纳

同步练习

一、单项选择题

1	2	3	4	5
C	A	D	A	C

二、多项选择题

1	2	3	4	5
ABC	BCD	ABC	BCD	AC

三、判断题

1	2	3	4	5
×	×	√	×	√

四、实训题

[实训一] 本期应补（退）税额的计算：

（1）销项税额=业务二=170 000+6 800=176 800（元）

（2）进项税额=业务三+业务四+业务五+业务六=17 000+300+880+3 400=21 580（元）

（3）上期留抵税额=业务一=100 000（元）

（4）进项税额转出=业务七=5 100（元）

（5）应抵扣税额合计（本月数）=进项税额+上期留抵税额−进项税额转出

　　　　　　　　　　=21 580+100 000−5 100=116 480（元）

（6）实际抵扣税额（本月数）=116 480（元）

（7）一般计税方法的应纳税额=销项税额−实际抵扣税额=176 800−116 480=60 320（元）

（8）期末留抵税额=应抵扣税额合计（本月数）-实际抵扣税额（本月数）=116 480-116 480=0

（9）本期应补（退）税额=应纳税额合计-预缴税额=60 320-0=60 320（元）

[实训二] 应纳税额计算：

（1）不含税收入=61 800÷（1+3%）=60 000（元）

（2）应纳税额=60 000×3%=1 800（元）

本项目综合练习

一、单项选择题

1	2	3	4	5	6	7	8	9	10
D	B	C	B	A	C	B	D	D	A

二、多项选择题

1	2	3	4	5	6	7	8	9	10
BC	AB	AC	ABCD	ABC	AC	ABCD	AC	ABD	AC

三、判断题

1	2	3	4	5	6	7	8	9	10
×	×	√	√	×	√	√	√	×	√

四、计算题

1.（1）进项税额=2 040+110+85 000+130+425=87 705（元）

（2）销项税额=600 000×17%+46 800÷（1+17%）×17%=108 800（元）

（3）应纳增值税=108 800-87 705=21 095（元）

2.（1）进项税额=6 800+15 363.64×11%+25 500=33 990（元）

（2）销项税额=360 000×17%+35 100÷（1+17%）×17%=66 300（元）

（3）应纳增值税=66 300-33 990=32 310（元）

3.应纳增值税=61 800÷（1+3%）×3%=1 800（元）

五、案例分析题

1.

（1）	（2）	（3）	（4）	（5）
C	B	A	ABD	ABC

2.

（1）	（2）	（3）	（4）	（5）
BC	AD	AC	BD	B

3.

（1）	（2）	（3）	（4）	（5）
ABC	C	B	B	C

4.

(1)	(2)	(3)	(4)	(5)
AD	A	C	A	A

项目三 消费税的计算与缴纳

任务3.1 认识消费税

同步练习

一、单项选择题

1	2	3	4	5	6	7	8	9	10
D	C	B	A	A	B	D	A	A	D

二、多项选择题

1	2	3	4	5	6	7	8	9	10
BC	AB	BD	AB	ABCD	ABCD	ABD	CD	ACD	BD

三、判断题

1	2	3	4	5	6	7	8	9	10
×	×	√	√	×	×	×	×	×	√

任务3.2 消费税的计算

同步练习

一、单项选择题

1	2	3	4	5	6	7	8	9	10
A	B	C	D	C	C	C	C	B	D

二、多项选择题

1	2	3	4	5
ABC	AC	ACD	ABC	BC

三、判断题

1	2	3	4	5	6	7	8	9	10
×	√	√	×	√	√	√	√	√	√

四、计算题

1.应纳消费税额=250 000×20%+10×2 000×0.5+46 800÷（1+17%）×10%=64 000（元）

2.（1）应纳消费税额=500 000×15%+50 000×（1+5%）÷（1−15%）×15%=84 264.71（元）

（2）应代收代缴消费税额=（60 000+10 000）÷（1−15%）×15%=12 352.94（元）

3.（1）应纳消费税额=（800 000+100 000）÷（1−4%）×4%=37 500（元）

应纳增值税额=（800 000+100 000）÷（1−4%）×17%=159 375（元）

（2）国内销售业务应纳增值税额=1 200 000×17%−159 375=44 625（元）

五、案例分析题

1.

（1）	（2）	（3）	（4）	（5）
C	B	ABCD	AD	AB

2.

（1）	（2）	（3）	（4）	（5）
AC	A	AD	A	B

3.

（1）	（2）	（3）	（4）	（5）
B	B	C	A	D

任务3.3 消费税的缴纳

同步练习

一、单项选择题

1	2	3	4	5
B	A	A	A	A

二、多项选择题

1	2	3	4	5
BCD	AB	ACD	AB	AB

三、判断题

1	2	3	4	5
×	×	√	×	×

四、实训题

（1）批发销售应纳消费税额=（100×1 000+5 000×20）×15%=30 000（元）

赞助应纳消费税额=（20×1 000+100×20）×15%=3 300（元）

共应纳消费税额=30 000+3 300=33 300（元）

（2）略。

项目综合练习

一、单项选择题

1	2	3	4	5	6	7	8	9	10
C	A	B	D	D	A	D	A	A	A

二、多项选择题

1	2	3	4	5	6	7	8	9	10
CD	BCD	CD	ACD	ABC	AB	BD	AD	AB	AD

三、判断题

1	2	3	4	5	6	7	8	9	10
×	×	√	×	×	×	√	×	√	×

四、计算题

1.应纳增值税额=80×17%+1.17÷（1+17%）×17%+5×（1+5%）÷（1−15%）×17%+0.0765−30×17%

=9.7965（万元）

应纳消费税额=80×15%+1.17÷（1+17%）×15%+5×（1+5%）÷（1−15%）×15%=13.08（万元）

应代收代缴的消费税额=（20 000+4 000+500）÷（1−15%）×15%=4 323.53（元）

2.A类高档化妆品应纳消费税=（800 000+100 000）÷（1−15%）×15%=158 823.53（元）

B类高档化妆品应纳消费税=（68 000+2 000）÷（1−15%）×15%=12 352.94（元）

C类高档化妆品应纳消费税=678 600÷（1+17%）×15%=87 000（元）

D类高档化妆品应纳消费税=8 000×（1+5%）÷（1−15%）×15%=1 482.35（元）

五、案例分析题

（1）	（2）	（3）	（4）	（5）
AC	C	A	A	B

项目四　企业所得税的计算与缴纳

任务4.1　认识企业所得税

同步练习

一、单项选择题

1	2	3	4	5	6	7	8
A	B	A	C	D	C	D	A

二、多项选择题

1	2	3	4	5	6	7	8
ABD	ABCD	AB	AB	ABC	ABCD	ABCD	BC

三、判断题

1	2	3	4	5	6	7	8
×	√	×	×	×	×	√	×

任务4.2　企业所得税的计算

同步练习

一、单项选择题

1	2	3	4	5	6	7	8	9	10
B	A	B	B	B	A	D	B	B	C

二、多项选择题

1	2	3	4	5	6	7	8
ABCD	AD	ACD	ABCD	ACD	ABC	ABC	AB

三、判断题

1	2	3	4	5	6	7	8
×	√	×	√	×	√	√	√

四、计算题

1.（1）18 800元

（2）10 000元

（3）0

2.（1）国债利息收入及投资收益属于免税收入，应调减应纳税所得额45万元（30+15）。

（2）广告费=1 400-（8 600+200）×15%=80（万元），超过扣除限额，应调增应纳税所得额80万元；赞助支出不得扣除，应调增应纳税所得额29万元。

（3）实际发生额的60%=90×60%=54（万元）

业务招待费最高扣除额=（8 600+200）×5‰=44（万元）

业务招待费超过扣除限额，应调增应纳税所得额=90-44=46（万元）。

（4）研究开发费用，按照全年发生额的50%加计扣除，应调减应纳税所得额250×

50%=125（万元）。

（5）在建工程利息支出不得扣除，应调增应纳税所得额24万元。逾期罚息支出允许扣除。

向商贸企业借款利息=40－500×6%=10（万元），超过扣除限额，应调增应纳税所得额10万元。

（6）直接捐赠和车辆罚款不得扣除，应调增应纳税所得额50万元（48+2）。

自然灾害净损失20万元（50－30）允许扣除，应调增应纳税所得额30万元。

会计利润总额=8 600+200+12+30+15－5 300－9－1 650－400－80－300=1 118（万元）

捐赠=150－1 118×12%=15.84（万元），超过扣除限额，应调增应纳税所得额15.84万元。

（7）"三费"=（15+82+18）－540×（2%+14%+2.5%）=115－99.9=15.1（万元），超过扣除限额，应调增应纳税所得额15.1万元。

（8）应纳税所得额=1 118－45+80+29+46－125+24+10+50+30+15.84+15.1－30=1 217.94（万元）

（9）应补企业所得税额=1 217.94×25%－11=293.485（万元）

3.（1）国债利息收入及投资收益属于免税收入，应调减应纳税所得额22万元（10+12）。

（2）"三费"=（75+10+14）－500×（14%+2%+2.5%）=99－92.5=6.5（万元），超过扣除限额，应调增应纳税所得额6.5万元。

（3）广告费=2 400－（7 500+500）×15%=1 200（万元），超过扣除限额，应调增应纳税所得额1 200万元。

（4）实际发生额的60%=75×60%=45（万元）

业务招待费最高扣除额=（7 500+500）×5‰=40（万元）

业务招待费超过扣除限额，应调增应纳税所得额=75－40=35（万元）。

（5）研究开发费用，按照全年发生额的50%加计扣除，应调减应纳税所得额=450×50%=225（万元）。

（6）在建工程利息支出不得扣除，应调增应纳税所得额22万元。

向肉联厂借款利息=10－100×6%=4（万元），超过扣除限额，应调增应纳税所得额4万元。

（7）税收滞纳金和安监罚款不得扣除，应调增应纳税所得额=2+1=3（万元）。

捐赠=350－2 000×12%=110（万元），超过扣除限额，应调增应纳税所得额110万元。

（8）应纳税所得额=2 000－22+6.5+1 200+35－225+22+4+3+110－100=3 033.5（万元）

（9）应补企业所得税额=3 033.5×15%－300=155.025（万元）

五、案例分析题

1.

（1）	（2）	（3）	（4）	（5）
AD	AC	AC	B	D

2.

（1）	（2）	（3）	（4）
D	AC	B	D

3.

（1）	（2）	（3）	（4）	（5）
C	BC	B	B	ACD

任务4.3　企业所得税的缴纳

同步练习

一、判断题

1	2	3	4	5
√	×	√	√	√

二、实训题

【实训一】

应纳企业所得税额=（357 863.35−224 378.19）×50%×20%=13 348.52（元）

【实训二】

（1）会计利润总额=4 600+200+200+50−2 200−250−50−620−70−800−（280−130）−50=860（万元）

（2）纳税调整增加额

①40×60%=24（万元），5 000×5‰=25（万元），24<25，业务招待费可扣除额为24万元，纳税调整增加额为40−24=16（万元）。

②环保罚款不得扣除，应纳税调整增加7万元。

（3）应纳所得税额=（860+16+7）×25%=220.75（万元）

（4）应补缴所得税额=220.75−180=40.75（万元）

项目综合练习

一、单项选择题

1	2	3	4	5	6	7	8
C	B	B	A	A	D	A	A

二、多项选择题

1	2	3	4	5	6	7	8
ABCD	ABCD	ABC	ACD	ABC	BCD	AB	ABCD

三、判断题

1	2	3	4	5	6	7	8
√	√	×	×	×	×	√	×

四、计算题

1.（1）应纳税所得额=（8 500+35+20）-（4 300+23）-（760+645+52）-24+115-78
=2 788（万元）

（2）应纳企业所得税额=2 788×25%-680=17（万元）

2.公司2017年度利润总额=8 000+240-5 100-60-1 300-200-1 100-80=400（万元）

（1）准予扣除的广告费用=8 000×15%=1 200（万元）

应调增应纳税所得额=1 230-1200=30（万元）

（2）准予扣除的财务费用=2 000×6%=120（万元）

应调增应纳税所得额=155-120=35（万元）

（3）新产品研制费用可加计扣除=400×50%=200（万元）

应调减应纳税所得额=200万元

（4）国债利息收入免税，应调减应纳税所得额60万元。

（5）罚款支出不能税前扣除，应调增应纳税所得额9万元。

（6）捐赠限额=400×12%=48（万元）

应调增应纳税所得额=60-48=12（万元）

公司2017年度应纳税所得额=400+30+35-200-60+9+12=226（万元）

应纳企业所得税额=226×25%=56.5（万元）

3.（1）国债利息收入及投资收益属于免税收入，应调减应纳税所得额30+15=45（万元）。

（2）广告费=1 400-（8 600+200）×15%=80（万元），超过扣除限额，应调增应纳税所得额80万元；赞助支出不得扣除，应调增应纳税所得额29万元。

（3）实际发生额的60%=90×60%=54（万元）

业务招待费最高扣除额=（8 600+200）×5‰=44（万元）

业务招待费超过扣除限额，应调增应纳税所得额90-44=46（万元）。

（4）研究开发费用，按照全年发生额的50%加计扣除，应调减应纳税所得额250×50%=125（万元）。

（5）直接捐赠和车辆罚款不得扣除，应调增应纳税所得额50万元（48+2）。

会计利润总额=8 600+200+12+30+15-5 300-9-1 650-400-80-300=1 118（万元）

公益性捐赠=150-1 118×12%=15.84（万元），超过扣除限额，应调增应纳税所得额15.84万元。

（6）"三费"=（15+82+18）-540×（2%+14%+2.5%）=115-99.9=15.1（万元），超过扣除限额，应调增应纳税所得额15.1万元。

（7）应纳税所得额=1 118-45+80+29+46-125+50+15.84+15.1-30=1 153.94（万元）

（8）应补企业所得税额=1 153.94×25%-200=88.485（万元）

五、案例分析题

1.

（1）	（2）	（3）	（4）	（5）
D	BC	B	A	C

2.

（1）	（2）	（3）	（4）	（5）
ACD	AD	B	C	ABC

项目五　个人所得税的计算与缴纳

任务5.1　认识个人所得税

同步练习

一、单项选择题

1	2	3	4	5	6	7	8	9	10
D	C	A	B	D	B	A	C	C	B

二、多项选择题

1	2	3	4	5	6	7	8	9	10
AB	ABD	BD	AC	AD	ABCD	ABC	AB	ABCD	BD

三、判断题

1	2	3	4	5	6	7	8	9	10
×	√	√	×	√	×	×	×	×	√

任务5.2　个人所得税的计算

同步练习

一、单项选择题

1	2	3	4	5	6	7	8	9	10
A	A	C	C	D	A	B	A	A	A

二、多项选择题

1	2	3	4	5	6	7	8	9	10
ACD	CD	ABCD	ABC	AD	ABD	BC	AC	ABCD	ABD

三、判断题

1	2	3	4	5	6	7	8	9	10
√	×	√	√	×	×	×	√	×	√

四、计算题

1.（1）工资收入应纳个人所得税税额=（6 900-3 500）×10%-105=235（元）

（2）稿费收入应纳个人所得税税额=5 000×（1-20%）×20%×（1-30%）=560（元）

（3）讲学收入500元低于扣除额800元，不纳税。

李某应纳个人所得税税额=235+560=795（元）

2.（1）参加文艺演出应纳税额=20 000×（1-20%）×20%×5=16 000（元）

（2）彩票收入的应纳税所得额为50 000元，可税前扣除的捐赠限额=50 000×30%=15 000（元），实际捐赠30 000元大于捐赠限额。

彩票收入的应纳税额=（50 000-50 000×30%）×20%=7 000（元）

顾女士应纳个人所得税额=16 000+7 000=23 000（元）

3.张教授应缴纳的个人所得税=40 000×（1-20%）×20%=6 400（元）

李教授应缴纳的个人所得税=［60 000×（1-20%）-14 400］×20%=6 720（元）

因为60 000×（1-20%）×30%=14 400元，捐赠金额2万元超过了应纳税所得额的30%，故只能扣除1.44万元。

4.1月工资低于3 500元，不纳税。因［72 000-（3 500-3 000）］÷12=5 958.33（元），税率为20%，速算扣除数为555。

领取上年12个月的奖金应纳个人所得税=［72 000-（3 500-3 000）］×20%-555=13 745（元）

5.应纳税所得额=300 000-60 000-2 000×12×3-3 500×12=126 000（元）

应纳所得税额=126 000×35%-14 750=23 950（元）

五、案例分析题

1.

（1）	（2）	（3）	（4）	（5）
B	A	D	A	A

2.

（1）	（2）	（3）	（4）	（5）
C	AC	A	ABC	BCD

任务5.3 个人所得税的缴纳

同步练习

一、单项选择题

1	2	3	4	5	6
B	D	D	B	D	C

二、多项选择题

1	2	3	4	5	6	7	8
ABCD	BD	ABC	ABC	ABCD	ABCD	BCD	BCD

三、判断题

1	2	3	4	5
×	×	√	√	×

四、实训题

（1）工资所得应缴纳税额=（6 300-3 500）×10%-105=175（元）

（2）稿酬所得应纳税额=4 500×（1-20%）×20%×（1-30%）=504（元）

（3）讲课酬金应缴纳税额=（1 500+1 000+2 000）×（1-20%）×20%=720（元）

李教授应缴纳个人所得税税额=175+504+720=1 399（元）

项目综合练习

一、单项选择题

1	2	3	4	5	6	7	8	9	10
D	C	B	D	C	D	C	D	D	C

二、多项选择题

1	2	3	4	5	6	7	8	9	10
AD	BCD	BC	CD	ABD	BCD	ACD	ABD	ACD	ABD
11	12	13	14	15	16	17	18	19	20
AB	ABD								

三、判断题

1	2	3	4	5	6	7	8	9	10
√	×	×	×	×	√	×	√	√	×

四、计算题

1.（1）王经理全年一次性奖金应缴纳个人所得税=12 000×3%=360（元）

（2）王经理当月工资应缴纳个人所得税=（4 500-3 500）×3%=30（元）

（3）王经理应缴纳个人所得税=360+30=390（元）

2.（1）2 000元应纳个人所得税额=（2 000-800）×20%=240（元）

（2）5 000元应纳个人所得税额=5 000×（1-20%）×20%=800（元）

（3）40 000元应纳个人所得税额=40 000×（1-20%）×30%-2 000=7 600（元）

3.（1）4 500×（1-20%）×20%×（1-30%）+（900-800）×20%×（1-30%）=518（元）

（2）5 000×4×（1－20%）×20%=3 200（元）

（3）（250 000－110 000－5 000）×20%=27 000（元）

应缴纳的个人所得税总额=518+3 200+27 000=30 718（元）

4.稿酬个人所得税=（3 000－800－660）×20%×（1－30%）=215.6（元）

工资收入应纳税=（5 500－3 500）×10%－105=95（元）

共纳税=215.6+95=310.6（元）

5.（1）中国境内工资薪金收入应纳税额=［（4 500－3 500）×3%－0］×12=360（元）

（2）中国境内稿酬收入应纳税额=（2 000－800）×20%×（1－30%）=168（元）

（3）A国收入应抵补税额的计算：抵扣限额=8 000×（1－20%）×20%=1 280（元），该纳税人在A国实际缴纳税额1 500元，超过了抵扣限额。因此，只能在限额内抵扣1 280元，不用在我国补缴税款。

（4）B国收入应抵补税额的计算：抵扣限额=3 000×20%=600（元），该纳税人在B国实际缴纳税款400元，低于抵扣限额，因此，可以全额抵扣，并需在我国补缴税款200元（600－400）。

（5）应纳个人所得税税额=360+168+0+200=728（元）

五、案例分析题

1.

（1）	（2）	（3）	（4）	（5）
ACD	BD	ABC	AD	BC

2.

（1）	（2）	（3）	（4）	（5）
ABCD	A	D	A	C

项目六　其他税费的计算与缴纳

任务6.1　关税的计算与缴纳

同步练习

一、单项选择题

1	2	3	4	5	6	7	8
C	D	C	A	C	C	A	D

二、多项选择题

1	2	3	4	5
AC	ABC	ABCD	BCD	ACD

三、判断题

1	2
√	√

四、计算题

关税完税价格=20+1+3+2=26（万元）

该批材料进口时应缴纳关税=26×10%=2.6（万元）

任务6.2　资源税的计算与缴纳

同步练习

一、单项选择题

1	2	3	4	5	6	7	8	9	10
D	A	B	C	D	B	D	A	C	B

二、多项选择题

1	2	3	4	5	6	7	8	9	10
BC	ABC	AC	BC	ACD	ABCD	BD	ABC	ACD	AC

三、判断题

1	2	3
×	×	√

四、计算题

1.应纳资源税=（300+2.5+100）×188×5%=3 783.5（万元）

2.应纳资源税=4 000×3=12 000（万元）

五、实训题

该矿山应纳资源税=2 000×45×3%=2 700（万元）

任务6.3　城镇土地使用税的计算与缴纳

同步练习

一、单项选择题

1	2	3	4	5	6	7	8	9	10
C	D	D	B	B	B	D	D	B	C

二、多项选择题

1	2	3	4	5	6	7	8
ABCD	ABCD	AC	AC	AD	ABD	ABCD	AB

三、判断题

1	2
×	√

四、计算题

应纳城镇土地使用税=6 000×5=30 000（元）

五、实训题

富源公司全年城镇土地使用税应纳税额 =（20−2−0.5）×24=420（万元）

任务6.4　房产税的计算与缴纳

同步练习

一、单项选择题

1	2	3	4	5	6	7	8	9	10
A	D	B	D	C	C	B	B	A	A

二、多项选择题

1	2	3	4	5	6	7	8	9	10
ABC	AD	AC	ABC	ABC	ABCD	ABD	BC	AB	BC

三、判断题

1	2	3
×	×	√

四、计算题

王某应缴纳房产税=8 000×6×4%=1 920（元）

五、实训题

1.出租房屋应纳税额=15×12×12% =21.6（万元）

2.自用房屋应纳税额=（3 000 600）×（1−30%）×1.2% =20.16（万元）

全年房产税应纳税额=21.6+20.16=41.76（万元）

上半年房产税应纳税额=41.76÷2=20.88（万元）

任务 6.5 车船税的计算与缴纳

同步练习

一、单项选择题

1	2	3	4	5	6	7	8
C	B	B	B	D	A	B	B

二、多项选择题

1	2	3	4	5	6	7	8
ABCD	CD	ACD	ABC	ACD	AB	ACD	AC

三、判断题

1	2
√	√

四、计算题

（1）货车：应纳车船税额=8×7×100=5 600（元）

（2）商用大客车：应纳车船税额=2×650=1 300（元）

（3）小轿车：应纳车船税额=10×400=4 000（元）

该公司当年应纳车船税额=5 600+1 300+4 000=10 900（元）

五、实训题

该公司应缴纳车船税额=2×10×3×50%+（15+10×7）×3=285（元）

任务 6.6 印花税的计算与缴纳

同步练习

一、单项选择题

1	2	3	4	5	6	7	8
D	B	C	C	A	A	C	A

二、多项选择题

1	2	3	4	5	6	7	8
ABC	AC	CD	ABC	ABD	BCD	AB	CD

三、判断题

1	2	3
√	√	×

四、计算题

（1）第一份合同应缴纳印花税税额=600 000×0.5‰=300（元）

（2）第二份合同应缴纳印花税税额=200 000×0.5‰+100 000×1‰=200（元）

五、实训题

1.权利、许可证照应纳税额=4×5=20（元）

2.产权转移书据应纳税额=500 000×0.5‰=250（元）

3.购销合同应纳税额=1 500 000×0.3‰=450（元）

4.借款合同应纳税额=600 000×0.05‰=30（元）

5.记载资金的营业账簿应纳税额=4 000 000×0.5‰=2 000（元）

6.其他营业账簿应纳税额=6×5=30（元）

应缴纳的印花税额=20+250+450+30+2 000+30=2 780（元）

任务6.7　城市维护建设税和教育费附加的计算与缴纳

同步练习

一、单项选择题

1	2	3	4	5	6	7	8	9	10
D	B	D	B	C	A	A	A	B	B

二、多项选择题

1	2	3	4	5	6	7	8	9	10
ABCD	ABCD	ABC	ABC	ABC	BCD	BCD	ABD	AC	CD

三、判断题

1	2
√	√

四、计算题

应纳城建税=（350 000+100 000）×5%=22 500（元）

应纳教育费附加=（350 000+100 000）×3%=13 500（元）

五、实训题

应纳城建税=（200 000+150 000）×7%=24 500（元）

应纳教育费附加=（200 000+150 000）×3%=10 500（元）

任务6.8　耕地占用税的计算与缴纳

同步练习

一、单项选择题

1	2	3	4	5	6	7	8
C	C	B	C	A	A	A	C

二、多项选择题

1	2	3	4	5	6	7	8	9	10
ABCD	ABCD	ABCD	ABC	CD	ABCD	AC	AC	BC	AB

三、判断题

1	2
×	√

四、计算题

该村民应纳耕地占用税额=200×7×50%=700（元）

五、实训题

应缴纳的耕地占用税额=100×25×50%=1 250（元）

任务6.9　土地增值税的计算与缴纳

同步练习

一、单项选择题

1	2	3	4	5	6
C	A	C	B	A	C

二、多项选择题

1	2	3
BC	ABC	BC

三、判断题

1	2
×	√

四、计算题

第一步：确定收入总额为2 000万元。

第二步：确定扣除项目金额：

开发费用=（200+400）×10%=60（万元）

　与转让房地产有关的税金：110万元

加扣费用=（200+400）×20%=120（万元）

扣除费用总计=200+400+60+100+10+120=890（万元）

第三步：增值额=2 000-890=1 110（万元）

第四步：增值率=1 110÷890=124.72%，所以适用第三档税率50%，速算扣除系数为15%。

应纳税额=1 110×50%-890×15%=421.5（万元）

五、实训题

①取得土地使用权所支付的金额=3 000（万元）

②房地产开发成本=4 000（万元）

③应扣除的开发费用的金额=（3 000+4 000）×10%=700（万元）

④应扣除的有关税金：825万元

⑤加计扣除=（3 000+4 000）×20%=1 400（万元）

⑥扣除项目合计=3 000+4 000+700+825+1 400=9 925（万元）

⑦增值税率=（15 000-9 925）÷9 925×100%=51.13%

⑧应纳税额=5 075×40%-9 925×5%=1 533.75（万元）

任务6.10　契税的计算与缴纳

同步练习

一、单项选择题

1	2	3	4	5
C	C	C	D	C

二、多项选择题

1	2	3	4	5
BCD	ABC	ABD	AD	BCD

三、判断题

1	2
√	×

四、计算题

李某不需要缴纳契税。

王某应缴纳契税=800 000×3%=24 000（元）

张某应缴纳契税=50 000×3%=1 500（元）

五、实训题

应缴纳契税税额=100×4%=4（万元）

任务6.11　车辆购置税的计算与缴纳

📖 **同步练习**

一、单项选择题

1	2	3	4	5
A	B	C	B	C

二、多项选择题

1	2	3
ABCD	ABC	ABCD

三、判断题

1	2
√	×

四、计算题

（1）计税依据=（117 000+300+790+3 100+4 000）÷（1+17%）=107 000（元）

（2）应纳车辆购置税额=107 000×10%=10 700（元）

五、实训题

应纳车辆购置税额=（221 000+1 000+4 000+8 000）÷（1+17%）×10%=20 000（元）

任务6.12　环境保护税的计算与缴纳

📖 **同步练习**

一、单项选择题

1	2	3
A	A	B

二、多项选择题

1	2	3
ABCD	BC	ABC

三、判断题

1	2	3
×	√	√

四、计算题

第一步，计算第一类水污染物的污染当量数：

总汞：10÷0.0005=20 000

总镉：10÷0.005=2 000

总铬：10÷0.04=250

总砷：10÷0.02=500

总铅：10÷0.025=400

总银：10÷0.02=500

第二步，对第一类水污染物污染当量数排序：

（每一排放口的应税水污染物按照污染当量数从大到小排序，对第一类水污染物按照前五项征收环境保护税）

总汞（20 000）＞总镉（2 000）＞总砷（500）=总银（500）＞总铅（400）＞总铬（250）

选取前五项污染物。

第三步，计算第一类水污染物应纳税额：

总汞：20 000×1.4=28 000（元）

总镉：2 000×1.4=2 800（元）

总砷：500×1.4=700（元）

总银：500×1.4=700（元）

总铅：400×1.4=560（元）

五、实训题

应纳税额=（2 000−600）×15=21 000（元）

项目综合练习

一、单项选择题

1	2	3	4	5	6	7	8	9	10
D	B	D	D	C	D	A	C	B	C
11	12	13	14	15	16	17	18	19	20
C	B	D	D	B	D	C	A	A	B

二、多项选择题

1	2	3	4	5
ABD	BCD	ACD	ABCD	BD
6	7	8	9	10
ABCD	ABD	ABC	BD	ACD
11	12	13	14	15
ABD	AB	BC	BCD	AC
16	17	18		
ABD	ABC	ABCD		

三、判断题

1	2	3	4	5	6	7	8	9	10
√	√	×	√	×	√	×	×	×	×

四、计算题

1. 关税完税价格=（20 000+500+1 000+2 000）×500÷10 000=1 175（万元）

2. 应纳资源税税额=2 400×6%=144（万元）

3. 年应纳城镇土地使用税税额=4 000×6=24 000（元）

4. 应纳房产税税额=600 000×12%=72 000（元）

5. 应纳车船税税额=800×20+1 200×30+8×60×15=59 200（元）

6. 应纳印花税税额=500 000×1‰=500（元）

7. 应纳城建税税额=（300 000+400 000）×7%=700 000×7%=49 000（元）

应纳教育费附加=（300 000+400 000）×3%=700 000×3%=21 000（元）

8. 应纳契税税额=1 000×3%=30（万元）

9. 应纳车辆购置税税额=221 000÷（1+17%）×10%=18 888.89（元）

五、实训题

[实训一] 海青公司2017年9月应缴纳的印花税计算如下：

（1）权利、许可证照应纳税额 =4×5= 20（元）

（2）产权转移书据应纳税额=800 000×0.5‰=400（元）

（3）购销合同应纳税额 =3 000 000×0.3‰=900（元）

（4）借款合同应纳税额 =400 000×0.05‰=20（元）

（5）记载资金的营业账簿应纳税额 =5 000 000×0.5‰=2 500（元）

（6）其他营业账簿应纳税额=4×5=20（元）

应缴纳的印花税额 =20+400+900+20+2 500+20=3 860（元）

[实训二]（1）出租房屋应纳税额=15×12×12% =21.6（万元）

（2）自用房屋应纳税额=（3 000−600）×（1−30%）×1.2%=20.16（万元）

全年房产税应纳税额=21.6+20.16=41.76（万元）

上半年房产税应纳税额=41.76÷2=20.88（万元）

[实训三]（1）城市维护建设税的应纳税额=（200+260−50−100）×7% =21.7（万元）

（2）教育费附加的应纳税额=（200+260−50−100）×3% =9.3（万元）

附录二　综合自测题参考答案

综合自测题（一）参考答案

一、单项选择题（每题1分，共20分）

1	2	3	4	5	6	7	8	9	10
A	C	C	C	C	A	A	A	D	A

11	12	13	14	15	16	17	18	19	20
B	A	A	B	B	C	A	D	A	D

二、多项选择题（每题2分，共20分）

1	2	3	4	5	6	7	8	9	10
AB	ABD	ABCD	ABC	ABC	AC	AB	ABCD	ABC	ABC

三、判断题（每题1分，共10分）

1	2	3	4	5	6	7	8	9	10
√	×	√	×	×	√	×	√	×	×

四、计算题（50分）

1.（1）销项税额=850 000×17%+42 120÷（1+17%）×17%+20 000×17%=154 020（元）

（2）进项税额=685 454.55×11%+21 760+1 000×6%+20 000×11%=99 420（元）

（3）应纳税额=154 020-99 420=54 600（元）

2.（1）进项税额=42 000元

（2）销项税额=300 000×17%+33 300÷（1+11%）×11%=54 300（元）

（3）应纳税额=54 300-42 000=12 300（元）

3.（1）业务招待费最高扣除额=（5 000+30）×5‰=25.15（万元）

实际发生额的60%=50×60%=30（万元）＞25.15（万元）

业务招待费超过扣除限额，应调增应纳税所得额50-25.15=24.85（万元）。

（2）"三费"=（50+6+8）-290×（14%+2%+2.5%）=10.35（万元），超过扣除限额。

（3）应纳税所得额=5 000+30-3 000-110-20-250-（12-5）-802+24.85-（70-1）+10.35
=807.20（万元）

（4）应纳所得税额=807.20×25%=201.8（万元）

4.（1）工资收入应纳税额=（4 500-3 500）×3%=30（元）

（2）银行存款利息收入及国债利息收入免税。

（3）劳务报酬收入应纳税额=20 000×（1-20%）×20%=3 200（元）

（4）保险赔款免税。

（5）应纳税额=30+3 200=3 230（元）

综合自测题（二）参考答案

一、单项选择题（每题1分，共20分）

1	2	3	4	5	6	7	8	9	10
B	A	B	C	A	B	C	C	B	B
11	12	13	14	15	16	17	18	19	20
D	A	B	A	B	B	C	B	B	B

二、多项选择题（每题2分，共20分）

1	2	3	4	5	6	7	8	9	10
ABC	ABCD	ABCD	ABCD	AC	BC	AC	BD	ABC	BD

三、判断题（每题1分，共10分）

1	2	3	4	5	6	7	8	9	10
√	×	×	×	√	√	×	×	×	√

四、计算题（50分）

1.（1）应纳增值税=4 000×17%+1 755÷（1+17%）×17%-408=527（万元）

（2）应纳消费税=4 000×3%+1 755÷（1+17%）×3%=165（万元）

2.（1）进项税额=51 000+1 100+2 500=54 600（元）

（2）销项税额=1 200 000÷（1+11%）×11%=118 918.92（元）

（3）应纳税额=118 918.92-54 600-26 000=38 318.92（元）

3.（1）会计利润总额=8 600+200+12+30+15-5 300-9-1 650-400-80-300=1 118（万元）

（2）国债利息收入及投资收益属于免税收入，应调减应纳税所得额45万元（30+15）。

（3）广告费=1 400-（8 600+200）×15%=80（万元），超过扣除限额，应调增应纳税所得额80万元；赞助支出不得扣除，应调增应纳税所得额29万元。

（4）实际发生额的60%=90×60%=54（万元）

业务招待费最高扣除额=（8 600+200）×5‰=44（万元）

业务招待费超过扣除限额，应调增应纳税所得额90-44=46（万元）。

（5）研究开发费用，按照全年发生额的50%加计扣除，应调减应纳税所得额250×50%=125（万元）。

（6）逾期罚息支出允许扣除。向商贸企业借款利息=40-500×6%=10（万元），超过扣除限额，应调增应纳税所得额10万元。

（7）直接捐赠和车辆罚款不得扣除，应调增应纳税所得额50万元（48+2）；自然灾害净损失50−30=20万元允许扣除，应调增应纳税所得额30万元；捐赠=150−1 118×12%=15.84（万元），超过扣除限额，应调增应纳税所得额15.84万元。

（8）"三费"=（15+82+18）−540×（2%+14%+2.5%）=115−99.9=15.1（万元），超过扣除限额，应调增应纳税所得额15.1万元。

（9）应纳税所得额=1 118−30−15+80+29+46−125+10+48+2+30+15.84+15.1−30=1 193.94（万元）

（10）应补交企业所得税额=1 193.94×25%−250=48.485（万元）

4.（1）全年工资薪金应缴纳的个人所得税=［（6 000−3 500）×10%−105］×12=1 740（元）

（2）专利技术转让收入应纳个人所得税=12 000×（1−20%）×20%=1 920（元）

（3）检举奖励免税。

（4）软件设计收入应纳个人所得税=160 000×（1−20%）×40%−7 000=44 200（元）

（5）竞猜获奖收入应纳个人所得税=600×20%=120（元）

（6）省政府奖励免税。

（7）因购房领取原提存的住房公积金免税。

（8）国债利息收入免税。

（9）捐赠限额=20 000×（1−20%）×30%=4 800（元）＜10 000（元）

应纳税所得额=20 000×（1−20%）−4 800=11 200（元）

应纳个人所得税=11 200×20%×（1−30%）=1 568（元）

主要参考文献

［1］财政部、国家税务总局［2016］第36号．《国家税务总局关于全面推开营业税改征增殖税试点的通知》．

［2］中国注册会计师协会．税法——2017年注册会计师全国统一考试辅导教材［M］．北京：中国财政经济出版社，2017．

［3］全国注册税务师执业资格考试教材编写组．税法Ⅰ——2017年度全国税务师职业资格考试教材［M］．北京：中国税务出版社，2017．

［4］全国注册税务师执业资格考试教材编写组．税法Ⅱ——2017年度全国税务师职业资格考试教材［M］．北京：中国税务出版社，2017．